WINRICH LANGER

Die falsche Verdächtigung

Strafrechtliche Abhandlungen · Neue Folge

Herausgegeben von Dr. Eberhard Schmidhäuser
ord. Professor der Rechte an der Universität Hamburg
in Zusammenarbeit mit den Strafrechtslehrern der deutschen Universitäten

Band 15

Die falsche Verdächtigung

Ein Beitrag zur Strafrechtsreform

Von

Dr. Winrich Langer

Privatdozent an der Universität Hamburg

DUNCKER & HUMBLOT / BERLIN

Als Teil der Habilitationsleistung auf Empfehlung des Fachbereichs
Rechtswissenschaft der Universität Hamburg
gedruckt mit Unterstützung der Deutschen Forschungsgemeinschaft

Alle Rechte vorbehalten
© 1973 Duncker & Humblot, Berlin 41
Gedruckt 1973 bei Berliner Buchdruckerei Union GmbH., Berlin 61
Printed in Germany
ISBN 3 428 03026 5

Vorwort

Diese Schrift hat im Jahre 1972 dem Fachbereich Rechtswissenschaft der Universität Hamburg als Teil meiner Habilitationsleistung vorgelegen.

Herzlich danken möchte ich an dieser Stelle den Herren Professoren Eberhard Schmidhäuser und Manfred Maiwald, die durch ihre Kritik eine Reihe von Verbesserungen angeregt haben.

Das Manuskript wurde im Juni 1973 abgeschlossen.

Winrich Langer

Inhaltsverzeichnis

Zur Einführung 9

I. Verwirklichte und beabsichtigte Reformen: Die Neufassung der tatbestandlichen Verletzungsarten 13

    1. Die Änderung des § 164 durch das Erste Strafrechtsreformgesetz   13

    2. Die erneute Umgestaltung des § 164 durch den EGStGB-Entwurf   14

    3. Kritische Würdigung der Gesetzesreformen 16

II. Ungelöste Aufgaben: Die Probleme der Schutzobjektsbestimmung .. 23

    1. Der Meinungsstand im Schrifttum und in der Rechtsprechung 25

        a) Individualrechtsgut als Schutzobjekt 26

        b) Gemeinschaftsrechtsgut als Schutzobjekt 28

        c) Individual- und Gemeinschaftsrechtsgut als Schutzobjektskumulation 30

        d) Individual- oder Gemeinschaftsrechtsgut als alternatives Schutzobjekt 33

    2. Auseinandersetzung mit den überkommenen Auffassungen 35

        a) Kritik der Lehre von der Alternativität der Schutzzwecke 36

        b) Kritik der Lehre von der Schutzobjektskumulation 41

        c) Kritik der Lehre vom Individualrechtsgut 43

    3. Das Schutzobjekt des § 164 in eigener Sicht 64

III. Folgerungen für die geplante Gesetzesreform 66

Schrifttumsverzeichnis 70

Abkürzungsverzeichnis

a.a.O.	am angegebenen Ort
a. F.	alte Fassung
Anm.	Anmerkung
Art.	Artikel
Aufl.	Auflage
BayObLG	Bayerisches Oberstes Landesgericht
Bd.	Band
BGB	Bürgerliches Gesetzbuch
BGBl. I	Bundesgesetzblatt Teil I
BGHSt	Entscheidungen des Bundesgerichtshofes in Strafsachen
BVerfGE	Entscheidungen des Bundesverfassungsgerichts
Diss.	Dissertation
DR	Deutsches Recht
DRZ	Deutsche Rechts-Zeitschrift
DStR	Deutsches Strafrecht, Neue Folge
E 1962	Entwurf eines Strafgesetzbuches (StGB) E 1962 (mit Begründung) — Bundestagsvorlage — Bonn 1962
EGStGB-Entwurf	Entwurf eines Einführungsgesetzes zum Strafgesetzbuch; Bundesratsdrucksache 1/72
GA	Goltdammers Archiv für Strafrecht
GG	Grundgesetz für die Bundesrepublik Deutschland
GS	Der Gerichtssaal
HRR	Höchstrichterliche Rechtsprechung
JR	Juristische Rundschau
JuS	Juristische Schulung
JW	Juristische Wochenschrift
JZ	Juristenzeitung
KG	Kammergericht
LK	Leipziger Kommentar zum Strafgesetzbuch
MDR	Monatsschrift für deutsches Recht
Niederschriften	Niederschriften über die Sitzungen der Großen Strafrechtskommission
NJW	Neue Juristische Wochenschrift
OLG	Oberlandesgericht
Protokolle	Sitzungsprotokolle des Sonderausschusses des Deutschen Bundestages für die Strafrechtsreform (5. Wahlperiode)
RGSt	Entscheidungen des Reichsgerichts in Strafsachen
SJZ	Süddeutsche Juristenzeitung
StGB	Strafgesetzbuch
StPO	Strafprozeßordnung
ZStW	Zeitschrift für die gesamte Strafrechtswissenschaft

§§ ohne Gesetzesangabe sind solche des StGB

Zur Einführung

Alles staatliche Recht bewegt sich dauernd im Spannungsfeld von *Gemeinschaftsinteresse* und *Individualinteresse*. Diese Polarität wird im Laufe der Geschichte verschieden stark erlebt, und auch das Urteil darüber, welchem Interesse der Vorrang einzuräumen sei, unterliegt historischen Schwankungen. Sogar zu demselben Zeitpunkt braucht sich die Entwicklung innerhalb der einzelnen Rechtsbereiche nicht gleichförmig zu vollziehen. Betrachtet man etwa das gegenwärtige deutsche Recht, so ist auf dem Gebiet der Eigentums- und Wirtschaftsverfassung die Tendenz zur Verstärkung der Sozialbindungen nicht zu übersehen[1]. Hingegen ist bei den Freiheitsrechten des Grundgesetzes, bei denen gleichfalls eine Auslegung im Lichte der Sozialstaatsklausel (Art. 20 Abs. 1 GG) möglich wäre, ein entsprechendes Vordringen des Gemeinschaftsinteresses nicht festzustellen[2].

In wohl keinem Teil der Rechtsordnung tritt jener Interessengegensatz mit größerer Schärfe zutage als im *Strafrecht*; denn hier geht es sowohl auf seiten der strafenden *Gemeinschaft* als auch auf seiten des *Straftäters* um die Existenzfrage. „Die gedeihliche Existenz jedes staatlichen Gemeinwesens hängt davon ab, daß sich eine Mindestordnung des Zusammenlebens gegen den Egoismus jedes einzelnen notfalls mit Gewalt durchsetzt[3]." Daß andererseits der unumschränkte Einsatz staatlicher Machtmittel bei der Verbrechensbekämpfung bis zur physischen Vernichtung des Täters führen kann, liegt auf der Hand.

Hier unter gerechter Abwägung der widerstreitenden Belange der Gemeinschaft und des in seinem Verhalten vom Gemeinwillen abweichenden Individuums einen *Ausgleich* zu finden, ist die vornehmste Aufgabe des Strafrechts, zu deren Lösung der Staat seiner Strafgewalt zahlreiche Selbstbeschränkungen auferlegt hat. So besteht schon das Ziel, das der Verbrechensbekämpfung gesetzt wird, nicht in der völligen

---

[1] Als Beispiele hierfür seien nur die (teils bereits verwirklichten, teils anstehenden) Reformen des Bodenrechts und die erweiterten Publizitätspflichten der Großunternehmen angeführt. Ferner sei an das Phänomen erinnert, daß der Anteil des Sozialprodukts, der durch die öffentlichen Kassen fließt, laufend steigt.

[2] Auch die jüngste Novellierung des Haftrechtes (BGBl I, 1361 f., vom 7. 8. 1972) bildet insoweit nur scheinbar eine Ausnahme, da sie nur einzelne Auswüchse zurückschneidet, jedoch am Prinzip des sehr liberalen Haftrechtes nichts ändert.

[3] *Schmidhäuser*, Strafrecht, 3/4; ähnlich schon *Mezger*, Strafrecht, 512; *Maurach*, Allg. Teil, 60 f.; *Welzel*, Strafrecht, 239.

Beseitigung des Verbrechens, sondern nur darin, die Verstöße auf einem für das Gemeinwesen erträglichen Maß unter Kontrolle zu halten. Aber auch innerhalb dieses Rahmens hat der moderne Rechtsstaat zum Schutze des Täters eine Fülle von Schranken für seine Strafgewalt errichtet. Hier denkt man zunächst (und oft ausschließlich) an die institutionellen Sicherungen, vor allem an die sog. Justizgrundrechte (Art. 101 ff. GG) und an das Strafverfahrensrecht, das im Interesse des Beschuldigten teilweise bis zur Grenze der Funktionsfähigkeit mit Formalien überfrachtet ist.

Jener Ausgleich erfolgt aber auch und nicht zuletzt durch die kontinuierliche Reform des materiellen Strafrechts, derjenigen gesetzlichen Vorschriften also, in denen bestimmt wird, welche widerrechtlichen Verhaltensweisen überhaupt strafbar und wie sie zu bestrafen sind. Insoweit kennzeichnet das bei uns häufig beklagte Scheitern einer Gesamtreform nur einen, und zwar einen vergleichsweise weniger wichtigen Aspekt des bald hundertjährigen Bemühens um eine Anpassung des Strafgesetzbuches an die in vieler Hinsicht fundamentalen Wandlungen im gesellschaftlichen Bewußtsein. Allzu leicht wird darüber vergessen, daß jene Reformbestrebungen in nicht weniger als achtundachtzig Gesetzen, durch die das Strafgesetzbuch seit 1871 geändert worden ist, Rechtsgeltung erlangt haben. Das ganze Ausmaß dieser Neuerungen wird deutlich, wenn man bedenkt, daß sich unter jenen Novellen zum Strafgesetzbuch wiederholt solche befanden, durch die mehr als hundert Strafvorschriften gleichzeitig neu eingefügt, geändert oder aufgehoben wurden. Dieser Prozeß einer permanenten Reform umfaßte alle Bereiche des materiellen Strafrechts gleichermaßen: die Arten der Strafen und Maßregeln ebenso wie die Strafzumessungs- und die Strafaussetzungsregelung, die generellen Merkmale und die Erscheinungsformen des Verbrechens sowie vor allem auch die einzelnen Straftatbeschreibungen des Besonderen Teils des Strafgesetzbuches.

Eine *Besonderheit des Strafrechts* gegenüber den anderen Bereichen der Gesamtrechtsordnung liegt darin, daß es nicht nur die gegensätzlichen Belange der Gemeinschaft und des Täters, sondern auch die der *Gemeinschaft* und des *Verletzten* auszugleichen hat. Die übliche Polarität von Gemeinschafts- und Individualinteresse ist hier zu einem Dreiecksverhältnis erweitert, in dem sich die Belange von Gemeinschaft, Täter und Verletztem teils kongruent, teils widerstreitend gegenüberstehen. Dieser Tatsache hat der Gesetzgeber u. a. dadurch Rechnung getragen, daß er in den Strafgesetzen an vielen Stellen ausdrücklich vom „Verletzten" spricht und dessen Rechte dort jeweils unmittelbar gesetzlich fixiert (vgl. etwa die Vorschriften des Strafgesetzbuches über die Strafantragsmündigkeit [§ 65], die Bekanntmachungsbefugnis [§ 165], die Sittenwidrigkeit der Einwilligung [§ 226 a] und die Buße [§ 231], sowie die Vorschriften der Strafprozeßordnung über das Absehen von der Vereidigung [§ 61 Ziff. 2], die Rückgabe entzogener Gegenstände [§ 111], die Klageerzwingungsberechtigung [§ 172], die Privatklagebefugnis [§ 374] und das Adhäsionsverfahren [§ 403]). Darüber hinaus gibt es eine Fülle gesetzlicher Regelungen, in denen zwar nicht der Terminus „Verletzter" enthalten ist, bei denen es aber in der Sache ausschließlich oder wenigstens primär um die Berücksichtigung seiner Interessen geht (so etwa im Strafgesetzbuch beim Strafantrag [§ 61], bei der Buße [§ 188] und bei der Veröffentlichungsbefugnis [§ 200]). Da endlich in mehr oder minder starkem Maße die meisten strafrechtlichen Vorschriften auch die Belange des Verletzten berühren, wurde im Zuge der oben aufgewiesenen permanenten Strafrechtsreform auch seine Rechtsposition (wie die des Täters) fortlaufend umgestaltet.

Systematisch ist diese Entwicklung nicht auf einen Teilbereich beschränkt, sondern sie umfaßt das gesamte formelle und materielle Strafrecht: Was den Strafprozeß betrifft, so braucht man etwa nur zu vergleichen, in welchem Maße die Zulässigkeit der Privatklage (§ 414 StPO i. d. F. vom 1. 2. 1877; § 374 StPO der derzeit geltenden Fassung) seit Erlaß der Strafprozeßordnung erweitert worden ist, um abschätzen zu können, wie die Gewichte des Gemeinschafts- und des Verletzteninteresses hier neu verteilt worden sind. Im materiellen Strafrecht äußert sich diese laufende Kontrolle der überkommenen Interessenabwägung durch den Gesetzgeber beispielsweise in der Streichung vorhandener und im Erlaß neuer Strafvorschriften, bei denen sich der Vorrang des Verletzteninteresses darin zeigt, daß die Zuwiderhandlungen nur auf Antrag verfolgt werden, wie etwa beim Ehebruch (früher § 172) und beim Verstoß gegen das Aufnahme- und Abhörverbot (§ 298).

Die diesbezügliche Schlüsselfrage der Strafrechtsdogmatik wie auch der Reformbestrebungen geht jedoch dahin, wo jenes Dreiecksverhältnis der Interessen von Gemeinschaft, Täter und Verletztem *innerhalb des einzelnen Straftatbestandes* zu lokalisieren ist. Da jedes Verbrechen der Art nach durch seine spezifische Rechtsgutsverletzung charakterisiert wird, muß jener Interessenausgleich schon bei der tatbestandlichen Schilderung des unerlaubten Verhaltens erfolgen. Diese Vertatbestandlichung wird vom Gesetzgeber in der Weise vorgenommen, daß er das jeweilige *Schutzobjekt* und die für das betreffende Delikt spezifische *Verletzungsart* anschaulich beschreibt[4].

Da nun das Interesse des *Täters* darin besteht, nicht bestraft zu werden, das Interesse der *Gemeinschaft* hingegen darin, Rechtsver-

---
[4] Zum Schutzobjekt und seiner Vertatbestandlichung vgl. *Langer*, Sonderverbrechen, 287 ff., 291, 312, 350; entsprechend zur Verletzungsart, a.a.O., 295 ff., 350 ff.

stöße durch Abschreckung zu verhindern, vollzieht der Gesetzgeber hier den Ausgleich bei der Formulierung der tatbestandlichen Verletzungsart, indem er alle strafwürdigen, aber auch nur die strafwürdigen Verhaltensweisen mit Strafe bedroht.

Zwischen dem *Verletzten* und der *Gemeinschaft* ist vor allem die sog. Verfügungsbefugnis über bestimmte Schutzobjekte umstritten, d. h, die Zuordnung einzelner Rechtsgüter zur Gemeinschafts- oder zur Individualsphäre mit allen Konsequenzen für die Wirksamkeit einer Einwilligung. So haben beispielsweise die Kontroversen um die freiwillige Sterilisation ihren inneren Grund in dem noch unentschiedenen Streit darüber, ob und ggf. in welchem Umfang das Rechtsgut der körperlichen Integrität der Verfügungsmacht des jeweiligen Rechtsgutsträgers entzogen ist. Auch bei der sog. Fristenlösung der Abtreibungsfrage — ein anderes besonders aktuelles Beispiel — geht es letztlich um einen existenziellen Interessengegensatz zwischen der Gemeinschaft und (mutatis mutandis) dem „Verletzten", nämlich um den Versuch, dem werdenden Menschen für die ersten drei Monate seiner Existenz sogar die Rechtsgutsträgerschaft in bezug auf sein eigenes Leben abzusprechen und ihn zum Bestandteil des Körpers der Mutter zu erklären, mit dem sie (nach dem von jener Lobby vorausgesetzten extrem individualistischen Verständnis dieses Rechtsgutes) nach Belieben verfahren kann. Dieses Ringen zwischen der Gemeinschaft und dem Verletzten um die Zuordnung bestimmter Rechtsgüter entscheidet der Gesetzgeber, indem er bei der Vertatbestandlichung des jeweiligen Schutzobjektes erkennbar macht, inwieweit er es der Gemeinschaft vorbehalten und inwieweit er es der individuellen Verfügungsmacht überlassen will.

Fassen wir vereinfachend zusammen: Innerhalb der einzelnen Strafbestimmung erfolgt der Interessenausgleich zwischen der Gemeinschaft und dem Täter vor allem bei der *Vertatbestandlichung der Verletzungsart,* hingegen der zwischen der Gemeinschaft und dem Verletzten vor allem bei der *Vertatbestandlichung des Schutzobjektes.*

Die praktische Bedeutung dieser Erkenntnis zeigt sich insbesondere dann, wenn infolge von Wandlungen im gesellschaftlichen Bewußtsein sich im Interessendreieck von Gemeinschaft, Täter und Verletztem die Gewichte verschieben und dadurch die Reform einer Strafvorschrift notwendig wird. Das ist gegenwärtig bei dem Delikt der falschen Anschuldigung (§ 164 StGB) der Fall, für das dem Gesetzgeber gerade jetzt der Entwurf einer Neufassung vorliegt. Ob bei seiner Verabschiedung jener Interessenausgleich zwischen der Gemeinschaft, dem Täter und dem Verletzten gelingen würde, wird im folgenden zunächst bezüglich der Verletzungsart und sodann bezüglich des Schutzobjekts untersucht.

I. Verwirklichte und beabsichtigte Reformen: Die Neufassung der tatbestandlichen Verletzungsarten

1. Die Änderung des § 164 durch das Erste Strafrechtsreformgesetz

Das Vergehen der falschen Anschuldigung in seiner ursprünglichen Form bestand in der bei einer Behörde *wider besseres Wissen* erstatteten *Anzeige,* in der jemand der Begehung einer strafbaren Handlung oder der Verletzung einer Amtspflicht beschuldigt wurde.

Durch die Fassung des Gesetzes vom 26. 5. 1933 (Reichsgesetzblatt I, 295) wurde dann der Tatbestand der falschen Anschuldigung in der Sache zum Delikt der falschen Verdächtigung erweitert: Als Handlung genügte nunmehr *jedes* gegenüber einer Behörde oder öffentlich erfolgende *Verdächtigen wie auch das Aufstellen sonstiger* zur Veranlassung eines behördlichen Verfahrens geeigneter *Tatsachenbehauptungen,* sofern es in der Absicht geschah, ein solches Verfahren oder andere behördliche Maßnahmen gegen den Verdächtigten herbeizuführen oder fortdauern zu lassen. Zugleich wurden neben der wissentlich falschen Verdächtigung auch die *bedingt vorsätzlich* und die *leichtfertig* begangene unter (eine mildere) Strafdrohung gestellt sowie die *Vorteilsabsicht* als Qualifizierung in das Gesetz aufgenommen.

Diese Qualifizierung wurde ebenso wie die bedingt vorsätzliche und die leichtfertige Begehungsform durch Gesetz vom 25. 6. 1969 (Bundesgesetzblatt I, 645), durch welches die Strafvorschrift gegen die falsche Anschuldigung ihre derzeit geltende Fassung erhielt, wieder beseitigt. Zur Begründung wurde einmal auf die Erfordernisse der Rechtssicherheit und Rechtsklarheit verwiesen, denen bei der Tatbestandserstreckung auf die bedingt vorsätzliche und auf die leichtfertige Falschverdächtigung vor allem im Bereich der sog. Aufklärungsanzeige (Ersuchen um behördliche Prüfung eines möglicherweise unbegründeten Verdachts) nicht genügt war[5]. Zum anderen war jene Ausweitung der

---

[5] Hierzu wird schon in der Begründung zu § 444 des Entwurfs 1960 (Bundestagsdrucksache III/2150), S. 584, u. a. ausgeführt: „Wenn nicht auf das bestimmte Wissen des Täters um die Unwahrheit seiner Verdächtigung abgestellt wird, läßt sich eine deutliche und allgemeingültige Abgrenzung zwischen einer zulässigen oder gerade noch strafrechtlich erlaubten Anzeige und einer strafwürdigen falschen Anschuldigung in der für einen Straftatbestand gebotenen Kürze nicht festlegen." — Zur Problematik der Aufklärungsanzeige vgl. vor allem *Bockelmann,* Niederschriften Bd. 13, 180, 181.

Strafbarkeit, die eine erhebliche praktische Bedeutung gewann und etwa drei Fünftel der Aburteilungen betraf[6], auch rechtspolitisch fragwürdig, weil durch sie gerade gewissenhafte und zuverlässige Personen von der Mitarbeit bei der Verbrechensbekämpfung abgehalten werden konnten[7].

2. Die erneute Umgestaltung des § 164 durch den EGStGB-Entwurf

Nur zwei Jahre nach dem Inkrafttreten jener für die Strafrechtspraxis so gravierenden Änderung des § 164 schlägt die Bundesregierung im Rahmen eines „Entwurfs eines Einführungsgesetzes zum Strafgesetzbuch" (Bundesratsdrucksache 1/72; neu eingebracht als Bundestagsdrucksache 7/550) den Gesetzgebungsorganen wiederum eine grundlegende Neufassung dieser Strafbestimmung vor[8]. Wenn in der „Be-

---

[6] Nach einer neueren Untersuchung erfolgten mehr als zwei Fünftel aller Verurteilungen wegen vorsätzlicher oder leichtfertiger Begehung (vgl. *Ranniger*, Falschverdächtigung, 19; *Geerds*, Handwörterbuch III, 18 f.). Darüber hinaus dürfte der gerade bei diesem Delikt außergewöhnlich hohe Anteil von Einstellungen gemäß § 153 StPO (vgl. hierzu *Ranniger*, Falschverdächtigung, 13) ausnahmslos diesem Bereich zuzurechnen sein. — Ein ähnliches Verhältnis ergibt sich aus den von *Tröndle* (Niederschriften Bd. 13, 182 f.) genannten Zahlen.

[7] So die Begründung zu § 444 des Entwurfs 1960 (Bundestagsdrucksache III/2150), 584.

[8] Die Strafvorschrift des § 164 lautet in ihrer derzeit geltenden Fassung:
„(1) Wer einen anderen bei einer Behörde oder einem zur Entgegennahme von Anzeigen zuständigen Beamten oder militärischen Vorgesetzten oder öffentlich wider besseres Wissen einer strafbaren Handlung oder der Verletzung einer Amts- oder Dienstpflicht in der Absicht verdächtigt, ein behördliches Verfahren oder andere behördliche Maßnahmen gegen ihn herbeizuführen oder fortdauern zu lassen, wird wegen falscher Anschuldigung mit Freiheitsstrafe von einem Monat bis zu fünf Jahren bestraft.
(2) Ebenso wird bestraft, wer in gleicher Absicht bei einer der im Abs. 1 bezeichneten Stellen oder öffentlich über einen anderen wider besseres Wissen eine sonstige Behauptung tatsächlicher Art aufstellt, die geeignet ist, ein behördliches Verfahren oder andere behördliche Maßnahmen gegen ihn herbeizuführen oder fortdauern zu lassen.
(3) Solange ein infolge der gemachten Anzeige eingeleitetes Verfahren anhängig ist, soll mit dem Verfahren und mit der Entscheidung über die falsche Anschuldigung innegehalten werden."
Unter der Überschrift „Falsche Verdächtigung" soll der Wortlaut des § 164 die folgende Fassung erhalten:
„Wer bei einer Behörde, bei einer zur Entgegennahme von Anzeigen zuständigen Stelle oder öffentlich in der Absicht, gegen einen anderen ein Strafverfahren oder sonst eine behördliche oder dienstliche Maßnahme herbeizuführen oder fortdauern zu lassen, wider besseres Wissen
1. ihn einer rechtswidrigen Tat oder der Verletzung einer Dienstpflicht verdächtigt oder
2. über ihn eine unwahre Behauptung tatsächlicher Art aufstellt, die geeignet ist, zu der beabsichtigten Folge zu führen, oder
3. eine solche Behauptung an einen Dritten gelangen läßt,
wird mit Freiheitsstrafe bis zu fünf Jahren oder mit Geldstrafe bestraft."

2. Beabsichtigte Umgestaltung durch den EGStGB-Entwurf

gründung" hierzu gesagt wird[9], die Neufassung bringe notwendige redaktionelle Anpassungen sowie gewisse sprachliche Verdeutlichungen, jedoch keine wesentlichen sachlichen Änderungen gegenüber dem geltenden Recht, so ist diese Behauptung unzutreffend. Zwar werden die in Aussicht genommenen Neuerungen in bezug auf die Zahl der von ihnen betroffenen Strafverfahren vermutlich nicht die Bedeutung der letzten Gesetzesänderung erlangen, obwohl sich auch das erst noch in der Justizpraxis erweisen muß. Hinsichtlich des sachlichen Gehalts steht die geplante Umgestaltung dieses Delikts der voraufgegangenen aber nicht nach, was im folgenden näher darzutun sein wird. Daß nunmehr auch die Benennung dem geänderten Deliktsinhalt angepaßt werden soll — der Täter wird künftig nicht mehr „wegen falscher Anschuldigung" verurteilt, sondern die Straftat heißt „Falsche Verdächtigung" —, ist durch die inhaltlichen Änderungen des Entwurfs dringender als bisher geboten.

Zu diesen Änderungen gehört einmal, daß das „Verdächtigen" künftig kraft zweifelsfreier gesetzlicher Regelung nicht nur durch Behauptungen, sondern auch durch schlüssiges Verhalten des Täters, vor allem durch das *Schaffen einer* auf den zu Verdächtigenden deutenden *Beweislage* begangen werden kann. Versteckt der in Tatverdacht geratene Dieb seine Beute bei einem gleichfalls Verdächtigen in einer Weise, die den Unschuldigen geradezu zwingend der Tat „überführt", so ist es nach geltendem Recht sehr fraglich, ob hierin ein „Verdächtigen" i. S. § 164 liegt[10]. Ob für die Bejahung der bloße Hinweis auf die angebliche ratio legis ausreicht, wie es die herrschende Lehre[11] anzunehmen scheint, das ist angesichts des eindeutig entgegenstehenden Gesetzeswortlauts äußerst problematisch. Wenn nämlich das geltende Gesetz im § 164 Absatz 2 von „sonstigen Behauptungen" spricht, so setzt es damit eben voraus, daß auch das „Verdächtigen" durch Behauptung zu erfolgen hat. Diese überwiegend als sachwidrig erlebte Einschränkung beseitigt die geplante Neufassung, indem sie das Merkmal „sonstige" streicht.

Die zweite bedeutsame Erweiterung der deliktischen Begehungsweise[12] besteht darin, daß künftig nicht nur das Aufstellen, sondern

---

[9] Bundesratsdrucksache 1/72, 221 f. Bundestagsdrucksache 7/550, 232. — Lediglich redaktionelle Änderungen, von der Einbeziehung der Geldstrafe einmal abgesehen, bringt die Neufassung hingegen im Vergleich mit § 444 des Entwurfs 1960.
[10] Zu diesem Problem vgl. vor allem *Blei,* GA 1957, 139 ff.
[11] Nachweise bei *Schönke - Schröder,* StGB, § 164 Anm. 6, und Leipziger Kommentar *(Herdegen),* § 164 Anm. 6; Nachweise für die entgegengesetzte Auffassung bei *Köhler,* Gerichtssaal Bd. 111, 301. — Vgl. auch die Diskussion dieses Problems in der Großen Strafrechtskommission, Niederschriften Bd. 13, 197.
[12] Nach geltendem Recht kann das Merkmal „verdächtigen" — entsprechend dem Aufstellen von Tatsachenbehauptungen nach § 164 Abs. 2 — „nur dahin

auch das *Gelangenlassen* von Behauptungen tatsächlicher Art strafbar sein soll. Nach dem neuen Recht wird also das Verbreiten fremder Behauptungen, die der Verbreitende als falsch erkannt hat, gleichfalls als falsche Verdächtigung geahndet.

Von erheblichem Gewicht für die Strafrechtspraxis dürfte schließlich die Neubestimmung dessen sein, was von § 164 als *Gegenstand* der Verdächtigung vorausgesetzt wird. Während das geltende Recht die Denunzierung wegen „einer strafbaren Handlung"[13] verlangt, läßt der Entwurf insoweit eine „rechtswidrige Tat" genügen, d. h. „eine rechtswidrige Handlung, die den Tatbestand eines Strafgesetzes verwirklicht, ohne Rücksicht darauf, ob sie schuldhaft begangen worden ist"[14]. So ist beispielsweise die wider besseres Wissen erstattete Anzeige, der angebliche Täter habe unter irrtümlicher Annahme des Nötigungsnotstandes gemäß § 52 eine uneidliche Falschaussage (§ 153) begangen[15], derzeit wohl nach allen Auffassungen keine Falschverdächtigung, während nach der Neufassung die behauptete tatbestandsmäßig-rechtswidrige uneidliche Falschaussage als Gegenstand der Verdächtigung hinreicht.

3. Kritische Würdigung der Gesetzesreformen

Die im EGStGB-Entwurf vorgesehene Neufassung des § 164 enthält somit entgegen der amtlichen Begründung nicht nur eine grundlegende redaktionelle Umgestaltung, sondern vor allem bedeutsame sachliche

---

ausgelegt werden, daß es allein die eigene Verdächtigung, nicht jedoch die Weitergabe einer fremden Verdächtigung umfaßt" (BGHSt 14, 244). — Ebenso *Lackner - Maassen*, StGB, § 164 Anm. 4 a, dd; anders wohl *Schönke - Schröder*, StGB, § 164 Anm. 17 (ohne Stellungnahme zum Merkmal „verdächtigen").

[13] Wann eine solche Verdächtigung wegen einer „strafbaren Handlung" vorliegt, ist zwar auch bei der gegenwärtigen Gesetzeslage nicht unstreitig. So verlangen *Dreher*, StGB, § 164 Anm. 1 A b, *Lackner - Maassen*, StGB, § 164 Anm. 4 a, bb, und *Köhler*, Gerichtssaal Bd. 111, 296, als Gegenstand der Verdächtigung eine kriminell ahndbare, d. h. schuldhaft begangene Tat; nach Ansicht von *Schönke - Schröder*, StGB, § 164 Anm. 9, und LK *(Herdegen)*, § 164 Anm. 15, genügt hingegen jedes Verhalten, das strafrechtliche Reaktionen irgendwelcher Art nach sich ziehen kann, so daß eine ohne Schuld begangene Tat ausreicht, wenn auf Grund dieser Verdächtigung etwa Anlaß zu Maßnahmen gemäß §§ 42 a ff. besteht. Aber selbst die weitestgehende Auslegung dieses Merkmals ist — wie das im Text aufgeführte Beispiel zeigt — im Hinblick auf die strafbaren Verhaltensweisen erheblich enger als die vorgesehene Neufassung.

[14] Dieser Wortlaut war in § 11 Abs. 1 Ziff. 2 Entwurf 1960 (Bundestagsdrucksache III/2150) für die Legaldefinition der „rechtswidrigen Tat" in Aussicht genommen. Der EGStGB-Entwurf enthält sich ausdrücklich einer solchen Definition und gibt statt dessen im Wege der Änderung von § 11 Abs. 1 Ziff. 5 lediglich einen „klarstellenden Hinweis" (a.a.O., 201), daß „rechtswidrige Tat nur eine solche (ist), die den Tatbestand eines Strafgesetzes verwirklicht". Für die hier anstehende Problematik ist dieser Unterschied ohne Bedeutung.

[15] Vgl. hierzu den Sachverhalt von BGHSt 5, 371 (374).

3. Kritische Würdigung der Gesetzesreformen

Änderungen gegenüber dem geltenden Recht. Versucht man nun, dieses Vorhaben kritisch zu würdigen, so kann das sachgerecht nur in einer Zusammenschau mit den bereits im Jahre 1969 in Kraft gesetzten Reformen geschehen, deren Schwerpunkt in der Beseitigung der Strafbarkeit bedingt vorsätzlicher und leichtfertiger Falschverdächtigungen lag.

Gegen jene ersatzlose Streichung des § 164 Abs. 5 a. F., für die sich jedenfalls bezüglich der Vorsatz-Alternative in den Reformkommissionen nur äußerst knappe Mehrheiten fanden[16], sprachen vor allem die praktischen Erfahrungen mit den Denunziationen der Jahre nach 1933 und nach 1945. Die Strafvorschrift gegen die leichtfertige Falschverdächtigung sollte nach dem Willen ihrer Befürworter aber nicht nur für Zeiten eines politischen Umbruchs, sondern auch deswegen beibehalten werden, weil die Strafdrohungen gegen die Ehrverletzungen (§§ 185 ff.) dem Verdächtigten keinen hinreichenden Schutz vor den Folgen der Denunziation bieten[17].

Noch intensiver wurde bei der bedingt vorsätzlichen Falschverdächtigung das Strafbedürfnis erlebt[18]: Die als nicht strafwürdig bezeichneten Fälle seien in Wirklichkeit solche des erlaubten Risikos oder der Wahrnehmung berechtigter Interessen[19]. Im übrigen aber habe der Verdächtigende für die Richtigkeit seiner Mitteilungen ebenso einzustehen wie ein Zeuge[20].

Vergleicht man diese vor allem aus der Strafrechtspraxis vorgetragenen Bedenken mit den Argumenten, die für die schließlich vorgenommene Streichung des § 164 Abs. 5 a. F. angeführt wurden[21], so haben die letzteren mehr Gewicht. Was zunächst die Strafbarkeit der leichtfertigen Falschverdächtigung betrifft, so ist diese nicht nur im Ausland fast überall unbekannt, sondern auch das deutsche Recht ist bis zum Jahre 1933 ohne sie ausgekommen[22]. Zudem wäre es verfehlt, die Fassung eines allgemein geltenden Gesetzes ausschließlich an den Bedürfnissen

---

[16] Vgl. hierzu den Überblick über die Entwicklungsgeschichte dieser Mehrheitsverhältnisse bei *Corves*, Protokolle des Sonderausschusses für die Strafrechtsreform, V/2392.
[17] So *Schäfer*, Niederschriften Bd. 13, 184; vgl. auch die treffende Kritik dieser Auffassung durch *Wilkerling*, Niederschriften Bd. 13, 185.
[18] Vgl. etwa *Tröndle*, Niederschriften Bd. 13, 178 f.; *Simon*, Niederschriften Bd. 13, 184; *Ranniger*, Falschverdächtigung, 66; differenzierend *Bockelmann*, NJW 1959, 1854 f.
[19] *Jescheck*, Niederschriften Bd. 13, 181, 183; vgl. auch die Einwände *Bockelmanns*, Niederschriften Bd. 13, 181, und *Langes*, Niederschriften Bd. 13, 182.
[20] *Schäfer*, Niederschriften Bd. 13, 184.
[21] Vgl. hierzu oben S. 13 Anm. 5.
[22] *Tröndle*, Niederschriften Bd. 13, 178; *Fränkel*, Niederschriften Bd. 13, 182; *Corves*, Protokolle V, 2392.

I. Die Neufassung der tatbestandlichen Verletzungsarten

möglicher Ausnahmesituationen zu orientieren[23]. Gegen die Strafbarkeit der bedingt vorsätzlichen Falschverdächtigung, die sachgerecht nicht anders als die der leichtfertigen geregelt werden kann[24], spricht weiter die Notwendigkeit, die sog. Aufklärungsanzeige straflos zu lassen, was während der Geltung des § 164 Abs. 5 a. F. konstruktiv nicht zu erreichen war[25].

Zusammenfassend kann festgestellt werden, daß die Strafbarkeit der falschen Verdächtigung bis zur Streichung des § 164 Abs. 5 a. F. in *subjektiver* Hinsicht überspannt war und daß diese Streichung daher uneingeschränkt gutzuheißen ist. Damit sollen nicht etwa die Gefahren geleugnet werden, die als Folgen eines so weitgehenden Strafverzichtes vorhergesehen wurden. Nur haben sie ihre Ursachen teils im Bereich *anderer* Strafvorschriften und können deshalb auch nur dort beseitigt werden (wie z. B. durch einen Ausbau des unterentwickelten strafrechtlichen Ehrenschutzes), teils gehören sie zwar in den Bereich der falschen Verdächtigung, betreffen aber deren *objektive* Voraussetzungen. Eben diese aber werden durch den EGStGB-Entwurf grundlegend umgestaltet. Es ist mithin kein Zufall, daß die geplanten Änderungen des § 164 sämtlich den Kreis der strafbaren Verhaltensweisen erweitern, und gegen diese Tendenz ist im Hinblick auf die voraufgegangene subjektive Einschränkung der Strafbarkeit nichts einzuwenden.

Betrachtet man nun jene beabsichtigten Neuerungen im einzelnen, so ist die Einbeziehung der sog. *Beweislagenfälschung*[26] in den Straftatbestand der falschen Verdächtigung sehr zu begrüßen. Zu Recht ist diese Fallgruppe von der Großen Strafrechtskommission einmütig als regelungsbedürftig angesehen worden[27], und es darf hier dahingestellt bleiben, ob diese Begehungsweise nicht vom Gesetzgeber auch als „Vortäuschen einer Straftat" (§ 145 d) hätte vertatbestandlicht werden können[28]. Wichtig ist allein die Tatsache, daß der Gesetzgeber die dogmatische Streitfrage durch die Präzisierung eines Verbrechensmerkmals selbst entscheidet, ein Vorgehen, das — wenn es sich auf eine Deliktsbeschreibung des Besonderen Teils bezieht — immer der Rechtsklarheit und der Rechtssicherheit dient und dem man deshalb nur zustimmen kann.

---

[23] Ähnlich schon *Baldus*, Niederschriften Bd. 13, 184.
[24] So zutreffend *Dünnebier*, Niederschriften Bd. 13, 182.
[25] Vgl. den detaillierten Nachweis durch *Bockelmann*, Niederschriften Bd. 13, 180, 181; siehe ferner die überzeugenden Argumente von *Wilkerling*, Niederschriften Bd. 13, 181, 184.
[26] Vgl. hierzu oben, S. 15.
[27] Niederschriften Bd. 13, 197.
[28] Dafür wohl *Simon*, Niederschriften Bd. 13, 197, im Gegensatz zu den übrigen Mitgliedern der Kommission.

3. Kritische Würdigung der Gesetzesreformen

Aus demselben Grunde ist es nachdrücklich gutzuheißen, daß der EGStGB-Entwurf das *Verbreiten fremder Falschverdächtigungen*[29] in den Wortlaut des § 164 aufnimmt: Wenn man die Beweislagenfälschung in diese Verbrechensart einbezieht, dann ist es unter dem Aspekt der Strafwürdigkeit nur konsequent, auch jenes Verbreiten — bei dem es sich in der Sache nur um einen besonderen Fall der Beweislagenfälschung handelt — in dieselbe Deliktsbeschreibung einzureihen. Denn die insoweit bereits jetzt bestehende Kontroverse[30] müßte sich bei einer derart geänderten Gesetzeslage zwangsläufig verschärfen, so daß eine legislatorische Entscheidung dringend geboten ist; und allein die vom EGStGB-Entwurf in Aussicht genommene kann als sachgerecht bezeichnet werden.

Wesentlich differenzierter muß das Urteil in bezug auf die Neubestimmung dessen ausfallen, was von § 164 als *Gegenstand der Verdächtigung*[31] vorausgesetzt wird. Wenn der EGStGB-Entwurf insoweit eine „rechtswidrige Tat", „die den Tatbestand eines Strafgesetzes verwirklicht", verlangt und zugleich genügen läßt, so werden damit mehr Probleme geschaffen als Streitfragen erledigt. Im Rahmen dieser Arbeit kann es jedoch allein darum gehen, prüfend die Auswirkungen zu skizzieren, welche die Aufnahme dieses Merkmals in den Wortlaut des § 164 haben würde.

Ist statt einer „strafbaren Handlung" als Gegenstand der Verdächtigung künftig eine „rechtswidrige Tat" hinreichend, so wird die Zahl der strafbaren Falschverdächtigungen erhöht. Diese Tendenz, die Strafbarkeit auf einen Bereich auszudehnen, der sich unter dem Aspekt des Tatunwertes nicht von der bisherigen falschen Anschuldigung unterscheidet und der nur als Korrektiv zu der subjektiven Überspannung der Strafbarkeit durch § 164 Abs. 5 a. F. aus dieser Strafvorschrift ausgeklammert war, ist positiv zu bewerten.

Hingegen vermag die Fixierung des Umfangs, in dem die Strafbarkeit hier erweitert werden soll, mit Hilfe des Begriffes „rechtswidrige Tat" nicht zu überzeugen: Wenn es der Zweck des § 164 ist, zu verhindern, daß die Justiz zu materiell nicht gerechtfertigten Verfahren veranlaßt, daß der Verdächtigte mit derartigen Verfahren überzogen wird, dann dürfen als Falschverdächtigungen strafbar doch allenfalls solche Behauptungen sein, die nach ihrem Inhalt die Einleitung eines derartigen Verfahrens als möglich erscheinen lassen; ja es spricht sogar viel dafür, nur solche Verdächtigungen unter Strafe zu stellen, die wenigstens abstrakt geeignet sind, strafrechtliche Reaktionen irgendwelcher Art

---
[29] Vgl. hierzu oben, S. 15 f.
[30] Vgl. hierzu oben, S. 15 Anm. 12.
[31] Vgl. hierzu oben, S. 16.

nach sich zu ziehen[32]. Begnügt man sich aber mit einer „rechtswidrigen Tat" als Gegenstand der Verdächtigung, so bezieht man — wie das oben angeführte Beispiel zeigt[33] — Fälle in die Strafvorschrift des § 164 ein, bei denen eine solche Möglichkeit von vornherein ausgeschlossen ist.

Andererseits klammert man eindeutig in den Schutzbereich des § 164 gehörende Geschehenssachverhalte aus diesem aus, indem man als Verdächtigungsinhalt eine „den Tatbestand eines Strafgesetzes verwirklichende" Handlung verlangt. Innerhalb eines solchen deliktstypischen Verhaltens[34] sind nämlich die Erfüllung des Unrechts-, des Schuld- und des Strafwürdigkeitstatbestandes[35] zu unterscheiden, und trotz aller Kontroversen zur Verbrechenssystematik ist außer Streit, daß schon die Begehung des tatbestandsmäßigen Unrechts Strafrechtsfolgen nach sich ziehen kann, daß die Erfüllung des Schuldtatbestandes[36] dafür also nicht vorausgesetzt ist. Wird nun z. B. eine falsche Anzeige des Inhalts erstattet, der Verdächtigte habe seine minderjährige Schwester einem Dritten zur Unzucht zugeführt und zu diesem Zweck auch noch seine Wohnung zur Verfügung gestellt, dann ist eine solche Falschverdächtigung nach aller Erfahrung geeignet, die Organe der Strafjustiz gegen den Verdächtigten in Bewegung zu setzen, obwohl der Inhalt der Verdächtigung *nicht* „den Tatbestand eines Strafgesetzes verwirklicht", da es eben hinsichtlich der hier allein einschlägigen Kuppelei (§ 180) sowohl an dem Schuldtatbestandsmerkmal „aus Eigennutz"[37] als auch an dem selbständigen Strafwürdigkeitsmerkmal „gewohnheitsmäßig"[38] fehlt. Die „rechtswidrige Tat" nebst ihrer „Legalklarstellung" beschreibt also den Gegenstand einer falschen Verdächtigung nicht optimal.

Ungeachtet dieser Einwände kann zusammenfassend festgestellt werden, daß mit der Strafvorschrift des § 164 i. d. F. des EGStGB-Entwurfs *insgesamt ein der Strafwürdigkeit entsprechender Ausgleich zwischen* den Interessen des *Täters und* der *Rechtsgemeinschaft* gefunden wäre. Die dann noch verbleibenden Probleme können schwerlich vom Gesetzgeber, nämlich durch die Präzisierung von Tatbestandsmerkmalen, gelöst werden. Es wird vielmehr die gemeinsame Aufgabe von Wissenschaft und Strafrechtspraxis — die heute noch nicht einmal die letzte Gesetzesänderung verarbeitet haben — sein, die Dogmatik der falschen

---

[32] Vgl. hierzu *Schönke - Schröder*, StGB, § 164 Anm. 9; LK *(Herdegen)*, § 164 Anm. 15.
[33] Vgl. oben, S. 16.
[34] Zu diesem Begriff vgl. *Langer*, Sonderverbrechen, 346; *Jescheck*, Lehrbuch, 352.
[35] Detailliert hierzu *Langer*, Sonderverbrechen, 342 ff.
[36] Zur Bestimmung und zur systematischen Bedeutung dieses Begriffs vgl. *Gallas*, ZStW Bd. 67, 29 ff.; *Jescheck*, Lehrbuch, 352 ff.; *Schmidhäuser*, Strafrecht, 10/1 ff.
[37] *Schmidhäuser*, Strafrecht, 10/127.
[38] *Schmidhäuser*, Strafrecht, 12/8; *Langer*, Sonderverbrechen, 362 i. V. 336.

3. Kritische Würdigung der Gesetzesreformen

Verdächtigung der neuen Rechtslage anzupassen. Der detaillierte Nachweis, inwieweit schon die gegenwärtige Lehre und Rechtsprechung zur falschen Anschuldigung fragwürdig sind und daher die künftige Gesetzesauslegung nicht präjudizieren sollten, muß einer späteren Stellungnahme des Verfassers vorbehalten bleiben. Hier kann allenfalls die Richtung angedeutet werden, in der sich jene Kritik bewegen wird: Es müßte zunächst der weitgehend ungeklärte Begriff des „Verdächtigens" definiert werden, wozu vor allem das Verhältnis von Verdachtsgrundlage und Verdacht zu untersuchen sowie der Frage nachzugehen wäre, ob zur Deliktsvollendung die betreffende Verdächtigung geeignet sein muß, das von dem Denunzianten erstrebte behördliche Verfahren zu veranlassen[39]. Ferner wird die herkömmliche Bestimmung der Falschheit[40] der Verdächtigung überprüft werden müssen, wobei zu berücksichtigen sein wird, daß dieses Merkmal heute nicht mehr die Funktion eines Korrektivs der früher durch § 164 Abs. 5 a. F. in subjektiver Hinsicht überdehnten Strafbarkeit hat. Aus demselben Grund ist auch die immer noch geübte Praxis entschieden abzulehnen, wonach ein Verfahren gegen den Denunzianten nur dann durchgeführt wird, wenn die Unschuld des Verdächtigten bewiesen ist[41]. Auch hier ist in jedem Einzelfall selbständig zu prüfen, ob bezüglich der Falschheit der Verdächtigung und ihrer Beweisbarkeit ein genügender Anlaß zur Erhebung der öffentlichen Klage besteht.

Diese Einwände richten sich jedoch nicht gegen den Gesetzgeber, der — wie gezeigt — mit den verwirklichten und den beabsichtigten Reformen die tatbestandlichen Verletzungsarten der falschen Verdächtigung so gefaßt hat, daß die Strafbarkeit insoweit künftig der Strafwürdigkeit entspricht, und der damit ein ausgewogenes Verhältnis zwischen den Belangen der Gemeinschaft und des Täters hergestellt hat. Hingegen ist schon auf den ersten Blick mehr als zweifelhaft, ob der Gesetzgeber dabei auch die Interessen des *Verletzten* und der *Gemeinschaft* zu einem überzeugenden Ausgleich gebracht hat. Dieses Interesse besteht auf seiten des Verletzten primär an der Zuordnung der Gutsträgerschaft[42]; es richtet sich also auf die Einräumung der Verfügungsbefugnis über die betroffenen Rechtsgutsobjekte[43], was wiederum eine exakte Vor-

---
[39] Für das Eignungs-Erfordernis die Sachbearbeiter des Bundesjustizministeriums, Niederschriften Bd. 10, 496. Im Schrifttum wird das Problem fast nirgends behandelt.
[40] Wie großzügig dieses Merkmal noch heute verneint wird, dazu beispielhaft LK (*Herdegen*), § 164 Anm. 10, wonach selbst die Anzeige erdichteter Einzelakte einer sog. fortgesetzten Handlung keine falsche Verdächtigung sein soll.
[41] Zur insoweit angeblich bestehenden Konnexität vgl. *Dünnebier*, Niederschriften Bd. 13, 183.
[42] Zu diesem Begriff vgl. *Langer*, Sonderverbrechen, 412.
[43] Vgl. hierzu *Jescheck*, Lehrbuch, 280; *Maurach*, Allg. Teil, 339; *Welzel*, Strafrecht, 96; *Baumann*, Strafrecht, 306.

stellung des Gesetzgebers von der Natur des jeweiligen Rechtsgutes voraussetzt. Eine solche Leitvorstellung ist aber weder in der zur Zeit geltenden oder in der geplanten Neufassung des § 164 objektiviert worden noch in den amtlichen Begründungen zum Ausdruck gekommen, eben deshalb, weil sie überhaupt nicht vorhanden war; das geht aus den Widersprüchen in den beiläufigen Bemerkungen der Beteiligten zweifelsfrei hervor[44].

So bildet die Frage nach dem Schutzobjekt der falschen Verdächtigung das ungelöste Kernproblem des Reformvorhabens. Im folgenden sollen eine Antwort hierauf gesucht und ihre Konsequenzen für die in Aussicht genommene Gesetzesreform herausgearbeitet werden.

---

[44] Vgl. beispielsweise die Einordnung des § 444 E 1960 in den Titel „Gefährdung der Rechtspflege", von der z. B. *Wilkerling,* Niederschriften Bd. 13, 181, bei seiner Argumentation ausging, während etwa *Tröndle,* Niederschriften Bd. 13, 178, und *Rösch,* Niederschriften Bd. 13, 185, wenigstens für Teilbereiche der falschen Verdächtigung das Interesse des Verletzten für vorrangig erklärten.

II. Ungelöste Aufgaben:
Die Probleme der Schutzobjektsbestimmung

„Die Frage nach dem Schutzzweck des § 164 ist noch nicht eindeutig beantwortet." Dieser Satz, mit dem in der neuesten Auflage des Leipziger Kommentars[45] die Erläuterungen zur falschen Anschuldigung eingeleitet werden, kennzeichnet nicht nur eine zwar aktuelle, im übrigen aber bei nicht wenigen Delikten ähnlich gegebene Kontroverse über das Schutzobjekt. Hinter dieser Feststellung verbirgt sich vielmehr ein Meinungsstreit, der seiner Art nach im Gesamtbereich des Strafgesetzbuches wohl ohnegleichen sein dürfte.

Mit gewissen Einschränkungen gilt das schon für den Gegenstand der Auseinandersetzungen: Während oft lediglich die exakte Definition[46] oder gar nur die adäquate Benennung[47] des betreffenden Schutzobjektes umstritten ist, bestehen bei der falschen Anschuldigung die Meinungsverschiedenheiten bereits hinsichtlich der *Schutzrichtung;* hier nämlich ist schon die tiefer greifende Frage kontrovers, ob ein Individual- oder ein Gemeinschaftsrechtsgut[48] angegriffen wird oder ob diese Alternative als solche verfehlt ist.

Aus jenen unterschiedlichen Grundpositionen ergeben sich zahlreiche Möglichkeiten, das Schutzobjekt der falschen Anschuldigung zu bestimmen. Im Gegensatz zu den anderen Delikten sind diese Möglichkeiten von der Strafrechtswissenschaft hier in vollem Umfang realisiert worden, so daß alle sinnvoll denkbaren Auffassungen vertreten werden, und zwar meist in mehreren Spielarten. Reduzieren sich also üblicherweise die Kontroversen zum Schutzobjekt auf eine Alternative, so ist der Meinungsstreit bei der falschen Anschuldigung durch eine verwirrende Vielfalt gekennzeichnet. Eine weitere Besonderheit liegt

---

[45] Strafgesetzbuch, 9. Aufl. (im Erscheinen begriffen), 11. Lieferung (1972), § 164 Anm. 1 (bearbeitet von *Herdegen*). — Die gleiche Feststellung hatte schon im Jahre 1905 *Binding* getroffen (Lehrbuch, Besonderer Teil, II. Band, 2. Abteilung, 523).

[46] Selbst bei einem so schwer zu erfassenden Schutzobjekt wie dem der Beleidigung ist eben nur die Bestimmung des Inhalts und der Grenzen problematisch. Vgl. etwa *Hirsch*, Ehre und Beleidigung, 1, 12, 14 ff.; *Welzel*, Strafrecht, 303; *Lackner - Maassen*, StGB, § 185 Anm. 1.

[47] Vgl. beispielsweise zum Rechtsgut der Bestechungsdelikte *Schönke - Schröder*, StGB, § 331 Anm. 2; *Kohlrausch - Lange*, StGB, § 331 Anm. I; *Maurach*, Bes. Teil, 749.

[48] Zur Bestimmung dieser Begriffe vgl. *Maurach*, Allg. Teil, 214 f.; *Jescheck*, Lehrbuch, 195; *Langer*, Sonderverbrechen, 294 f.

darin, daß die zahlreichen Auffassungen jeweils annähernd gleich verbreitet sind, so daß man jedenfalls in bezug auf die Grundformen von einer herrschenden oder auch nur von einer überwiegenden Meinung nicht sprechen kann.

Bemerkenswert ist schließlich, daß dieses außergewöhnlich breite Meinungsspektrum zum Schutzobjekt der falschen Anschuldigung schon zur Jahrhundertwende voll entwickelt war und sich bis auf den heutigen Tag im wesentlichen unverändert erhalten hat. Neue Auffassungen hat es — von einer allerdings nicht unwichtigen, unten zu besprechenden Ausnahme abgesehen — seither nicht mehr gegeben. Das ist deswegen erstaunlich, weil — wie oben gezeigt[49] — in den Jahren 1933 und 1969 der Wortlaut des § 164 grundlegend verändert worden ist. Zwar hatten diese Gesetzesänderungen, wie im Vorgriff bereits festgestellt werden darf, letztlich keinen Einfluß auf das Schutzobjekt der falschen Anschuldigung[50]; aus diesem Grunde kann auch das ältere Schrifttum zu diesem Problem gleichrangig herangezogen werden. Aber sie hätten doch wenigstens Anlaß zu einer erneuten wechselseitigen Überprüfung der unterschiedlichen Ansichten sein können[51]. Eine solche Auseinandersetzung hat es jedoch bisher nicht gegeben, so daß nicht nur der Meinungsstand, sondern auch die gesamte Argumentation von Kritik und Gegenkritik etwa seit der Jahrhundertwende unverändert ist[52].

Bildete diese Tatsache auch ohne die anstehende Gesetzesreform schon einen hinreichenden Grund, das Gespräch über das Schutzobjekt der falschen Anschuldigung wieder aufzunehmen, so erscheint eine solche Fortsetzung erst recht im Hinblick auf die Rechtsanwendung als geboten. Die (unten im einzelnen nachzuweisende) Unsicherheit der Obergerichte über den Schutzzweck des § 164 findet ihren Ausdruck in einem halben Dutzend jeweils voneinander divergierender Begriffsbestimmungen und entsprechend divergierender Entscheidungen, deren wechselseitige Unvereinbarkeit offensichtlich ist und mangels einer erkennbaren

---

[49] Vgl. oben, S. 13 f.
[50] Eine abweichende Ansicht ist auch im Schrifttum nur ganz vereinzelt vertreten worden. Vgl. etwa *Schönke*, StGB (2. Aufl., 1944), § 164 Anm. I, der in der Neufassung von 1933 eine weitere Akzentverschiebung zugunsten des *Rechtspflegeschutzes* sah, während *Freiesleben*, Nachtrag zur 11. Aufl. von Olshausens Kommentar, 167, hierin gerade eine Verstärkung des *Ehrenschutzes* feststellen zu können glaubte. — Zu der (im Jahre 1969 realisierten) Streichung der bedingt vorsätzlichen und der leichtfertigen falschen Anschuldigung hatten zuvor *Wilkerling*, Niederschriften Bd. 13, 181, und *Rösch*, Niederschriften Bd. 13, 185, bemerkt, daß die *Rechtspflege* insoweit nicht schutzbedürftig sei.
[51] Auch in der Begründung zum § 444 (Falsche Verdächtigung) des Entwurfes 1962 findet sich keine Stellungnahme zum Schutzobjekt dieser Vorschrift.
[52] Siehe hierzu die insoweit gewissermaßen den Abschluß bildende Arbeit von *Kraus*, Zum Wesen der sogenannten falschen Anschuldigung (1909), 21 ff.

Leitlinie auch nicht mit einem Fortschreiten der Rechtsentwicklung erklärt werden kann. Wenngleich sich die betreffenden Widersprüche nicht in jedem Fall auf die Straffolgen auswirken, so ist doch — angesichts der schon immer erheblichen Bedeutung dieses Delikts in der Strafrechtspraxis und vor dem Hintergrund seiner sprunghaft gestiegenen Kriminalitätsziffern[53] — auch unter diesem Aspekt das bisherige Vorgehen neu zu überdenken.

Hierbei soll nicht versucht werden, die überkommenen Wertungen in Frage zu stellen und sie durch eigene zu ersetzen oder zu ergänzen. Wenn etwa zur Deliktsvollendung gemäß § 164 nach einhelliger Auffassung von Schrifttum und Rechtsprechung nicht erforderlich ist, daß ein behördliches Verfahren gegen den Verdächtigten eröffnet wird und dadurch seine Güter verletzt werden, so ist diese Wertung hinzunehmen. Es sind also lediglich die von den unterschiedlichen Auffassungen zum Schutzobjekt des § 164 verwendeten Begriffe daraufhin zu überprüfen, ob sie mit jenen vorausgesetzten Wertungen im Einklang stehen[54]. Die folgende Untersuchung wird sich deshalb darauf beschränken, die Erkenntnisse der neueren Strafrechtsdogmatik generell für die Lehre vom Schutzobjekt des § 164 und insbesondere für die bereits eingeleitete Gesetzesreform fruchtbar zu machen sowie die einzelnen hierzu vertretenen Meinungen mit Hilfe neuer Argumente kritisch zu überprüfen.

Damit ist zugleich der weitere Gang der Untersuchung vorgezeichnet: Zunächst werden die überkommenen Auffassungen zum Schutzobjekt der falschen Anschuldigung in einer vergleichenden Übersicht darzustellen sein. Nach der sodann folgenden Auseinandersetzung mit den einzelnen Meinungen ist die Auffassung, welche der Kritik standhält, in ihren Begriffsmerkmalen zu präzisieren und in ihren Konsequenzen für die Neufassung des § 164 zu skizzieren.

1. Der Meinungsstand im Schrifttum und in der Rechtsprechung

Sowohl im Schrifttum als auch in der Rechtsprechung zum Schutzobjekt der falschen Anschuldigung findet sich jeweils fast das ganze Meinungsspektrum vertreten, und auch in der historischen Entwicklung ist eine eindeutige Tendenz nicht zu erkennen. Als *Kriterien für die Grundeinteilung* der vorhandenen Auffassungen bieten sich deshalb — wie bereits gezeigt[55] — die Begriffe des „Individual"- und „Ge-

---

[53] Vgl. hierzu im einzelnen *Geerds*, Falsche Anschuldigung; Handwörterbuch III, 18; *Ranniger*, Die Falschverdächtigung, 11 ff.
[54] Hierbei handelt es sich um eine teleologische Aufgabe, da eine mangelhafte Begriffsbildung notwendig zu Lasten der Gerechtigkeit geht. Vgl. dazu schon *Hirsch*, Ehre und Beleidigung, 243.
[55] Vgl. oben, S. 23.

meinschaftsrechtsgutes" an, wobei es für den hier verfolgten Zweck nur auf den unumstrittenen[56] Kerngehalt dieser Kategorien ankommt, daß nämlich allein bei den Individualrechtsgütern die Einwilligung des Betroffenen das Unrecht der Tat entfallen lassen kann.

Mit Hilfe dieser Kriterien kann man die in der Strafrechtswissenschaft vertretenen Meinungen zum Schutzobjekt der falschen Anschuldigung in vier Gruppen zusammenfassen: Nach der wohl ältesten Ansicht liegt dem § 164 ein *Individual*rechtsgut zugrunde. Kaum jünger ist die Auffassung, die das Unrecht dieses Delikts in der Verletzung eines *Gemeinschafts*rechtsgutes sieht. Ebenfalls eine lange Tradition haben die Lehrmeinungen, denen zufolge sich die falsche Anschuldigung (kumulativ) *sowohl* gegen ein Individual- *als auch* gegen ein Gemeinschaftsrechtsgut richtet. Erst seit kurzer Zeit hingegen wird die These vertreten, es sei (alternativ) der Angriff auf ein Individual- *oder* auf ein Gemeinschaftsrechtsgut zur Tatbestandserfüllung hinreichend.

a) Individualrechtsgut als Schutzobjekt

Beim Inkrafttreten des Reichsstrafgesetzbuches wurde — anknüpfend an das römische Recht und die meisten deutschen Landesstrafgesetzbücher[57] — die falsche Anschuldigung überwiegend als Angriff auf den Bezichtigten verstanden. Hiernach richtet sich dieses Vergehen gegen *Individualrechtsgüter*, d. h. gegen Schutzobjekte[58], die in die Disposition des Bezichtigten als des Rechtsgutsträgers gestellt sind. Willigt er in die Tat ein, so macht er nur in einer bestimmten Form von jener Befugnis Gebrauch, so daß der Verdächtigende in diesem Fall keine Rechtsgutsverletzung begeht, sondern im Gegenteil gerade dem Rechtsgutsträger zur vollen Entfaltung seiner Dispositionsfreiheit verhilft. Folgerichtig haben die Vertreter dieser Ansicht beim Vorliegen einer Einwilligung die Strafbarkeit aus § 164 verneint[59].

Innerhalb der Lehre vom Individualrechtsgut als Schutzobjekt der falschen Anschuldigung gibt es zwei Auffassungen, die sich nach der Art des von diesem Delikt betroffenen Rechtsgutes unterscheiden: Nach der einen Meinung ist die Falschverdächtigung eine qualifizierte Ver-

---

[56] Vgl. etwa *Maurach*, Allg. Teil, 339; *Jescheck*, Lehrbuch, 280; *Langer*, Sonderverbrechen, 294 f.
[57] Vgl. hierzu im einzelnen *Binding*, Besonderer Teil, 522 ff.
[58] Zum Verhältnis der Begriffe „Rechtsgut" und „Schutzobjekt" vgl. *Langer*, Sonderverbrechen, 291, 312. — Da es hier um die Ermittlung des einem Straftatbestand zugrunde liegenden Rechtsgutes geht, können im folgenden beide Kategorien synonym gebraucht werden.
[59] Vgl. beispielhaft *Keßler*, Die Einwilligung des Verletzten, 71, und *Klee*, GA Bd. 50 (1903), 374.

1. Der Meinungsstand im Schrifttum und in der Rechtsprechung

letzung der Ehre des Denunzianten, nach der anderen richtet sie sich gegen die Sicherheit der Person in allen ihren durch die Bezichtigung potentiell gefährdeten Gütern[60].

aa) Vor allem im älteren Schrifttum ist die falsche Anschuldigung häufig als *Ehrverletzungsdelikt* charakterisiert worden. Allerdings bezogen sich jene Stimmen naturgemäß nur auf die damalige Gesetzesfassung, die hinsichtlich des Schutzobjekts dem derzeitigen § 164 Abs. 1 entspricht. Jene Ausführungen lassen sich deshalb nur mit dieser Einschränkung auf das geltende Recht übertragen.

Die Auffassung, daß „die wissentlich falsche Anschuldigung eine qualifizierte, potenzierte Ehrenkränkung ist", wie *Klee*[61] es formulierte, findet sich beispielsweise bei *von Buri*[62], *Hälschner*[63] und *Loening*[64]. — Neben diesen eindeutigen Stellungnahmen gibt es zahlreiche Ausführungen, in denen zwar auch die falsche Anschuldigung als Fall der Verleumdung charakterisiert wird, denen aber nicht mit Sicherheit zu entnehmen ist, ob die Irreführung der Behörden von den betreffenden Autoren nicht doch als zusätzliche Verletzung eines Gemeinschaftsrechtsgutes angesehen wird. Auf diese Weise bleibt die Deliktsnatur der falschen Anschuldigung etwa bei *von Wächter*[65] und bei *Berner*[66] in der Schwebe.

bb) Die systematische Stellung der falschen Anschuldigung im Strafgesetzbuch, wo sie einen eigenen und zudem noch durch andere Deliktsgruppen von den Straftaten gegen die Ehre deutlich getrennten Abschnitt erhalten hatte, ließ schon bald Zweifel an der Charakterisierung dieses Vergehens als Ehrverletzungsdelikt aufkommen. Wollte man diese Kennzeichnung aufgeben und gleichwohl die falsche Anschuldigung als Angriff auf ein Individualrechtsgut verstehen, so ergab sich das Problem, das betreffende Rechtsgut zu benennen. Die Lösung bereitete erhebliche Schwierigkeiten, so daß man zunächst über brauchbare Ansätze nicht hinausgelangte. So bestimmte *Keßler* die Schutzrichtung des § 164 dahin, „daß dieser Paragraph nur die Sicherung der Einzelnen gegen die schweren Gefahren falscher Denunziationen bezweckt"[67]. Inhaltlich gleichartig kennzeichnete *Oppenheim* „die Sicher-

---

[60] Die Verbindung beider Meinungen zu einer dritten findet sich zwar andeutungsweise bei nicht wenigen Autoren (siehe hierzu schon *Binding*, a.a.O., 523), sie ist jedoch nie ausdrücklich als eigenständige Auffassung vertreten worden. Da sie auch dogmatisch keine zusätzlichen Probleme aufwerfen würde, darf sie hier übergangen werden.
[61] *Klee*, GA Bd. 50, 374; zuletzt wohl *Richard Schmidt*, Grundriß, 237.
[62] Abhandlungen aus dem Strafrecht (1862), 24 f.
[63] System des preußischen Strafrechts, Band II (1868), 279 ff.
[64] Grundriß zu Vorlesungen über deutsches Strafrecht (1885), 109.
[65] Deutsches Strafrecht: Vorlesungen (1881), 500.
[66] Lehrbuch des Deutschen Strafrechts (1895), 430.
[67] *Keßler*, Einwilligung, 71.

heit des Angeschuldigten vor Verurteilung trotz seiner Unschuld"[68] als das Angriffsobjekt der falschen Anschuldigung. *Hugo Meyer* sah das Wesen dieses Delikts in der „Gefährdung der Person"[69]. Erst *Binding,* der selbst diese Meinung nicht teilte, arbeitete ihre wesentlichen Merkmale klar heraus und umschrieb sie treffend „als vorsätzliche *Gefährdung ... derjenigen Güter des zu Unrecht Angeklagten,* die ihm das Urteil absprechen würde"[70].

b) Gemeinschaftsrechtsgut als Schutzobjekt

Der enge gesetzessystematische Zusammenhang zwischen der falschen Anschuldigung und den Aussagedelikten im Strafgesetzbuch sowie die Tatsache, daß weder die vorhergehenden noch die unmittelbar folgenden Strafvorschriften dem Individualgüterschutz dienen, sind die systematischen Argumente der Auffassungen, die ein *Gemeinschaftsrechtsgut als Schutzobjekt* des § 164 ansehen. Da der Verdächtigte hiernach nicht Träger des angegriffenen Rechtsgutes ist, ist seine Einwilligung rechtlich unerheblich.

Von den zahlreichen Spielarten dieser Ansicht über das Schutzobjekt der falschen Anschuldigung waren einige schon bald nach dem Inkrafttreten des Reichsstrafgesetzbuches überwunden, so daß sie hier nur kurz erwähnt zu werden brauchen. Das gilt einmal für die Charakterisierung als Angriff auf Treu und Glauben, die sog. publica fides[71]. Hiermit verwandt ist die Kennzeichnung dieses Delikts als Verletzung des Rechts auf Wahrheit[72]. Schließlich ist auch die Einreihung unter die sog. Fälschungsverbrechen offensichtlich unhaltbar[73]. — Nur die Auffassungen, die das dem § 164 zugrunde liegende Gemeinschaftsrechtsgut in der „gesamten Rechtssicherheit" oder in der „Rechtspflege" sehen, verdienen eine ausführlichere Wiedergabe.

aa) Die Lehrmeinung, welche die *Rechtssicherheit* für das Schutzobjekt der falschen Anschuldigung hält, wurde alsbald nach dem Inkrafttreten des Reichsstrafgesetzbuches entwickelt und war im Ansatz gegen jene Auffassungen gerichtet, die das angegriffene Rechtsgut in der publica fides oder in der Ehre des Bezichtigten sahen. Eine

---

[68] *Oppenheim,* Die Objekte des Verbrechens, 357.
[69] *Hugo Meyer,* Lehrbuch des Deutschen Strafrechts, 620.
[70] *Binding,* Besonderer Teil, 523 (Hervorhebung vom Verfasser).
[71] Zur Darstellung und Kritik dieser Ansicht vgl. im einzelnen *Kraus,* Wesen der falschen Anschuldigung, 32 ff.; siehe auch *Luppold,* Die falsche Anschuldigung, 59 ff.
[72] Zur Darstellung und Kritik dieser Ansicht vgl. im einzelnen *Kraus,* a.a.O., 34; siehe auch *Binding,* Besonderer Teil, 527.
[73] Zur Darstellung und Kritik dieser Ansicht vgl. im einzelnen *Barth,* Die Lehre von der falschen Anschuldigung, 54 f.

nähere Erläuterung erhielt der Begriff der Rechtssicherheit dabei nur insofern, als auf die Verwandtschaft im Schutzobjekt zwischen der falschen Anschuldigung und den Aussagedelikten verwiesen wurde[74]. Als namhafte Vertreter dieser Ansicht sind *Schütze*[75] und *Herzog*[76] zu erwähnen. Im jüngeren Schrifttum hat sie hingegen keine Anhänger gefunden.

bb) Weitaus häufiger ist die *Rechtspflege* zum Schutzobjekt der falschen Anschuldigung erklärt worden. Die verbreitete Ansicht, diese Auffassung sei auch vom *Reichsgericht* in ständiger Rechtsprechung vertreten worden, ist jedoch unzutreffend. Nur in den frühen Entscheidungen finden sich solche Stellungnahmen[77], später wird das Problem offengelassen[78] und schließlich wird durchgängig der Standpunkt vertreten, Schutzobjekte des § 164 seien sowohl der Verdächtigte als auch (mit Vorrang) die Rechtspflege[79]. Auch den Äußerungen im Schrifttum ist häufig nicht mit Sicherheit zu entnehmen, ob die Rechtspflege als ausschließliches oder nur als vorrangiges Rechtsgut der falschen Verdächtigung angesehen wird[80].

Im übrigen wird in der Regel nicht näher bestimmt, sondern als bekannt vorausgesetzt, was unter der „Rechtspflege" als dem Schutzobjekt des § 164 zu verstehen ist. Vereinzelt wird der hiermit individualisierte Ausschnitt aus der gesamten Staatsgewalt weiter eingeschränkt und jedenfalls als vertatbestandlicht nur die Verletzung der *Strafrechtspflege* bezeichnet[81]. Meinungsunterschiede bestehen auch darüber, ob primär die *Organe* der Rechtspflege als geschützt anzusehen sind oder ihre *Tätigkeit*[82]. Ungeachtet solcher Differenzierungen ist diese Auffassung beispielsweise von *Binding*[83], *Kurt Mayer*[84], *Kraus*[85], *Eberhard*

---

[74] *Herzog*, GS Bd. 32, 85.
[75] Lehrbuch, 317.
[76] Noch ein Wort über falsche Anschuldigung, GS Bd. 32, 85.
[77] Vgl. etwa Rechtsprechung des Reichsgerichts in Strafsachen 9, 31; RGSt 32, 78; zuletzt wohl RGSt 46, 87.
[78] So z. B. in RGSt 23, 373, wo es nur um die Frage der Verletzungsart geht, deren Beantwortung keinen Rückschluß darüber erlaubt, ob die „Rechtspflege" als ausschließliches oder nur als vorrangiges Rechtsgut vorausgesetzt wird.
[79] Vgl. beispielsweise RGSt 59, 35; 60, 317.
[80] Siehe etwa *Schönke*, StGB, § 164 Anm. I; *Maurach*, Bes. Teil, 706.
[81] RGSt 32, 78; 46, 87; *Geerds*, Handwörterbuch III, 17.
[82] Vgl. hierzu *Binding*, Besonderer Teil, 527; *Barth*, Falsche Anschuldigung, 56; *Kraus*, Zum Wesen der sog. falschen Anschuldigung, 36, 38. — Hingegen betrifft die Frage, ob schon die bloße Gefährdung (so *Binding*, Besonderer Teil, 527 f.; RGSt 46, 87) oder gerade die Irreführung der Rechtspflege (so *v. Liszt - Schmidt*, Lehrbuch, 839) das Wesen der falschen Anschuldigung kennzeichnen, nicht das Rechtsgut, sondern nur die tatbestandliche Verletzungsart.
[83] Besonderer Teil, 526, 527.
[84] Die falsche Anschuldigung, 29.
[85] Zum Wesen der sog. falschen Anschuldigung, 29, 47.

Schmidt[86] und Geerds[87] vertreten worden. Auch von der Großen Strafrechtskommission ist die falsche Verdächtigung unter dem Thema „Gefährdung der Rechtspflege" behandelt[88] und unter dem Titel „Straftaten gegen die Rechtspflege" als § 444 in den Entwurf 1962 aufgenommen worden[89].

c) *Individual- und Gemeinschaftsrechtsgut als Schutzobjektskumulation*

Da jede der beiden vorstehend skizzierten Ansichten zur Schutzrichtung der falschen Anschuldigung gewisse Argumente für sich hatte, lag die Annahme einer *Schutzobjektskumulation von Individual- und Gemeinschaftsrechtsgut* nahe, und in der Tat ist diese dritte Grundauffassung sehr bald entwickelt worden. Sie hat schnell zahlreiche Anhänger gefunden und ist bis auf den heutigen Tag weit verbreitet. Die Einwilligung des Verdächtigten soll nach dieser Meinung rechtlich irrelevant sein, weil der Verdächtigte nicht Träger des zugleich angegriffenen Gemeinschaftsrechtsgutes ist.

Weist ein Straftatbestand eine solche Kumulation von Schutzobjektsverletzungen auf, dann erhebt sich für die Dogmatik sogleich die Frage nach deren Rangverhältnis[90]. Dieses kann in der *Gleichrangigkeit* wie auch im *Vorrang* der einen oder der anderen Schutzobjektsverletzung bestehen. So verletzt beispielsweise der Raub (§ 249) gleichrangig Freiheit und Eigentum, während etwa die Verletzung des Hausfriedens beim Raub zur Nachtzeit (§ 250 Abs. 1 Ziff. 4) nur von untergeordneter Bedeutung ist. Obwohl diese unterschiedlichen Arten der Kumulation von Schutzobjektsverletzungen[91] in der Strafrechtsdogmatik weitgehend erkannt sind und mit entsprechenden Begriffen üblicherweise gearbeitet wird, sind doch sowohl deren phänomenologische Voraussetzungen als auch die praktischen Folgen fast vollständig ungeklärt[92].

Der Versuch, eine solche Klärung hier nachzuholen, würde den Rahmen dieser Schrift sprengen. Nur so viel sei bemerkt, daß das Rangver-

---

[86] *v. Liszt - Schmidt*, Lehrbuch, 839.
[87] Handwörterbuch III, 17.
[88] Niederschriften Bd. 13, 177 ff.
[89] Vgl. aber auch oben, S. 22 Anm. 44.
[90] So treffend *Maurach*, Allg. Teil, 218.
[91] Hingegen ist die Kumulation als solche unbestreitbar eine auch hinsichtlich der praktischen Konsequenzen (wie etwa der Frage nach dem „Verletzten", seiner Einwilligung, der Konkurrenzen mit den Vertatbestandlichungen derselben Einzelgutsverletzungen usw.) eigenständige Deliktsfigur. Insoweit übereinstimmend *Maurach*, Allg. Teil, 218 f. — Im übrigen hat diese Auffassung auch zivilrechtliche Folgen. Sie zeigen sich etwa in der Qualifizierung des § 164 als „Schutzgesetz" i. S. § 823 Abs. 2 BGB, die nur möglich ist, wenn die falsche Anschuldigung (wenigstens auch) ein Individualrechtsgut verletzt. Vgl. hierzu BGH JR 1953, 181.
[92] Insoweit können die Darlegungen *Maurachs*, Allg. Teil, 218 f., nicht überzeugen. Unter den von ihm aufgeführten „praktischen Folgen" der Rangstufen innerhalb mehrerer Schutzobjektsverletzungen findet sich keine, die sich nicht bereits aus dem Faktum der Kumulation ergibt.

1. Der Meinungsstand im Schrifttum und in der Rechtsprechung

hältnis über die Deliktsnatur entscheidet, und zwar in der Weise, daß die untergeordnete Schutzobjektsverletzung für den Deliktscharakter unerheblich ist. Der schwere Raub gem. § 250 Abs. 1 Ziff. 4 ist eben kein „Verbrechen wider die öffentliche Ordnung", wie es in der Abschnittsüberschrift für den Hausfriedensbruch heißt. Für die Beurteilung der Rangstufen kommt es jedoch letztlich nicht auf die Einordnung durch den Gesetzgeber in die einzelnen Abschnitte des Besonderen Teils an, schon weil es andernfalls gleichrangige Rechtsgutsverletzungen gar nicht geben könnte[93]. So ist beispielsweise die sog. Kreditgefährdung gem. § 187 trotz ihrer gesetzlichen Stellung unter den Ehrdelikten (wenigstens auch) ein Vermögensdelikt[94]. Entscheidend für die Rangordnung ist vielmehr das Gewicht der einzelnen Rechtsgutsverletzung innerhalb des deliktischen Gesamtunrechts.

Entsprechend diesen möglichen Rangstufen haben sich innerhalb derjenigen Auffassung, die die Falschverdächtigung als mehrfache Schutzobjektsverletzung versteht, drei Spielarten herausgebildet: Die eine Ansicht hält beide Schutzobjektsverletzungen für gleichrangig[95]; ihr sind auch alle Stimmen zuzurechnen, die sich nicht ausdrücklich zum Rangverhältnis äußern. Die zweite Auffassung geht vom Vorrang des Individualrechtsgutes aus, die dritte vom Vorrang des Gemeinschaftsgutes. Die neuere Rechtsprechung schwankt ohne erkennbare Tendenz zwischen allen drei Spielarten.

aa) Die Lehre von der *Gleichrangigkeit* der Verletzungen des Individual- und des Gemeinschaftsrechtsgutes ist vor allem von *Frank* entwickelt und verbreitet worden, der mit Nachdruck feststellte, daß sich die falsche Anschuldigung *„sowohl gegen die Rechtspflege als auch gegen den Denunzierten* richtet, der Art, daß in jedem Einzelfalle diese Doppelseitigkeit zum Ausdruck kommen muß"[96]. Im Schrifttum haben

---

[93] Anders *Maurach*, Allg. Teil, 218, demzufolge es für den „Vorrang" auf die „systematische Stellung ... im Gesetz" ankommt. Treffend dagegen *Maurach*, JZ 1962, 561, und Bes. Teil, 298: Erpresserischer Kindesraub (§ 239 a alter Fassung) war trotz Einordnung in den 18. Abschnitt des StGB ein Vermögensdelikt.
[94] So die herrschende Meinung: Vgl. RGSt 44, 160; LK *(Herdegen)*, § 187 Anm. 9 (mit Nachweisen). Für Gleichrangigkeit *Schönke-Schröder*, StGB, § 187 Anm. 6. — Ähnliches gilt für die Straftat des § 239 a, die trotz ihrer Einordnung unter die Verbrechen gegen die persönliche Freiheit (wenigstens auch) ein Vermögensdelikt enthält; vgl. *Schönke-Schröder*, StGB, § 239 a Anm. 3; *Maurach*, Bes. Teil, 298.
[95] Werden innerhalb der Individualkomponente wiederum mehrere Schutzobjektsverletzungen angenommen (wie z. B. durch *Merkel*, Lehrbuch, 408, der „neben der Ehre zugleich diejenigen Güter, welche durch Untersuchung und Strafe getroffen werden können", als geschützt ansieht), so ergeben sich aus dieser weiteren Kumulation keine Besonderheiten für die Dogmatik.
[96] *Frank*, StGB, § 164 Anm. I, unter Abgrenzung von der Rechtsprechung, die der „Rechtspflege" den Vorrang einräumt. — Im Gegensatz zu allen übrigen Vertretern dieser Auffassung läßt seiner Ansicht nach eine Ein-

sich seiner Auffassung *Wach*[97], *Luppold*[98], *Gerland*[99], *Borst*[100], *Bockelmann*[101], *Richard Lange*[102] und *Welzel*[103] angeschlossen, deren Stellungnahmen sich nur geringfügig hinsichtlich der inhaltlichen Konkretisierung des jeweils vorausgesetzten Gemeinschafts- oder Individualrechtsgutes voneinander unterscheiden. Der *Bundesgerichtshof* hat in allen seinen Entscheidungen zur falschen Anschuldigung hervorgehoben, daß § 164 sowohl dem Schutz des einzelnen als auch dem der staatlichen Rechtspflege diene, er hat aber die Rangfrage meistens offengelassen und dann in der Sache beide Schutzobjektsverletzungen als gleichrangig behandelt[104]. Die übrigen Revisionsgerichte sind überwiegend diesem Vorgehen gefolgt[105].

bb) Für den *Vorrang des Individualrechtsgutes* der Ehre gegenüber dem Gemeinschaftsrechtsgut der Rechtspflege innerhalb der falschen Anschuldigung hatte sich wohl als erster *Ramm*[106] ausgesprochen. Nach dem Krieg sprachen die Erfahrungen mit Denunziationen bei den Besatzungsmächten für diese Auffassung, weil deren Behörden durch § 164 nicht geschützt waren und man deshalb nur durch eine primär auf den Bezichtigten abstellende Auslegung das gerade in bezug auf solche Denunziationen bestehende Strafbedürfnis glaubte befriedigen zu können. So erklärten *v. Weber*[107] und *Sauer*[108], daß der Schutz des Individuums bei der falschen Anschuldigung im Vordergrund stehe.

Auch der *Bundesgerichtshof* hat in einer grundlegenden Entscheidung, bei der es ebenfalls um eine Denunziation gegenüber einer Besatzungsstelle ging, den Vorrang des Individualrechtsgutes postuliert: „Im übrigen dient § 164 StGB nicht nur und nicht einmal in erster Linie dem Schutz der Behörden gegen Irreführung. Dahinter steht als weit wichtigeres Rechtsgut der Schutz des Menschen gegen Mißgriffe irregeführter Behörden. Das allgemein empfundene Strafbedürfnis gegenüber dem Denunzianten gründet sich nicht darauf, daß diese oder jene Dienststelle irregeführt wird, vergebliche oder falsche Arbeit tut und

---

willigung des Verdächtigten die Strafbarkeit des Täters aus § 164 entfallen. Vgl. hierzu unten, S. 43.

[97] Vergleichende Darstellung, Allg. Teil Bd. 6, 19.
[98] Die falsche Anschuldigung, 67.
[99] Deutsches Reichsstrafrecht, 376.
[100] Die falsche Anschuldigung, 36.
[101] Zur Auslegung des § 164 Abs. 5 StGB; NJW 1959, 1852.
[102] *Kohlrausch - Lange*, StGB, Vorbem. I vor § 164.
[103] Strafrecht, 521.
[104] Vgl. beispielsweise BGHSt 5, 68; 9, 242; 14, 244; 18, 333; BGH GA 1962, 24 f.; JR 1965, 307.
[105] Siehe etwa OLG Düsseldorf, NJW 1962, 1263; KG JR 1963, 351.
[106] Falsche Anschuldigung und Beleidigung, GS Bd. 109, 243 f., allerdings ohne exakte Vorstellung von dem Begriff des Individualrechtsgutes.
[107] Urteilsanmerkung, DRZ 1949, 20.
[108] System des Strafrechts, Besonderer Teil, 233.

das Ansehen einbüßt, sondern darauf, daß ungerechtes, unverdientes Leid oder doch Gefahr über den fälschlich angeschuldigten Menschen gebracht wird[109]."

cc) Die Lehre vom *Vorrang des Gemeinschaftsrechtsgutes* vor den Interessen des Bezichtigten hat gleichfalls eine lange Tradition. Sie geht — soweit ersichtlich — auf *Heilborn*[110] zurück, wurde von *Wachenfeld*[111], *Allfeld*[112] und *Freiesleben*[113] übernommen und dann von *Köhler* in seiner für die Dogmatik der falschen Anschuldigung richtungweisenden Untersuchung eingehend begründet: „Die doppelte Richtung der Verdächtigung bedeutet aber *nicht* die *Gleichwertigkeit* der in ihr liegenden Angriffe. Bedenkt man, daß die etwaige Verursachung einer Freiheitsberaubung, Körperverletzung usw. durch die falsche Anschuldigung ein von der falschen Anschuldigung verschiedenes Delikt darstellt und ebenso auch die etwaige Beleidigung, so ist das, was nach Ausscheiden dieser Benachteiligungen vom Angriff auf die einzelnen Volksgenossen an Benachteiligung übrigbleibt, von untergeordneter Bedeutung gegenüber dem Angriff auf die Ausübung materieller Gerechtigkeit durch die Behörden[114]." Gegenwärtig wird diese Auffassung vor allem von *Jagusch*[115] und *Blei*[116] vertreten.

Aus der Rechtsprechung sind hier in erster Linie die späteren Entscheidungen des *Reichsgerichts*[117] zu nennen, in denen es sich unter stillschweigender Modifizierung seiner früheren Ansicht dieser Meinung angeschlossen hat. Nach dem Krieg ist sie nur noch gelegentlich von Oberlandesgerichten[118] vertreten worden.

d) Individual- und Gemeinschaftsrechtsgut als alternatives Schutzobjekt

Die vierte Grundauffassung schließlich nimmt für die falsche Anschuldigung eine *Alternativität der Schutzzwecke* an, dergestalt, daß die Verletzung des *Individual-* oder des *Gemeinschaftsrechtsgutes* zur Erfüllung dieses Deliktstatbestandes hinreicht. Die Einwilligung des Verdächtigten ist folglich für die Strafbarkeit irrelevant, sofern wenigstens das Gemeinschaftsrechtsgut verletzt wird. Diese Auffassung unterscheidet sich in mehrfacher Hinsicht grundlegend von den bisher wie-

---
[109] BGH NJW 1952, 1385.
[110] Vergleichende Darstellung, Bes. Teil Bd. 3, 110.
[111] Lehrbuch, 573.
[112] Lehrbuch, 576.
[113] *Olshausen* (Nachtrag), 167.
[114] *Köhler*, GS Bd. 111, 337.
[115] Leipziger Kommentar (8.), § 164 Anm. 2.
[116] *Mezger - Blei*, Besonderer Teil, 281.
[117] RGSt 59, 35; 60, 317.
[118] Vgl. etwa OLG Köln, NJW 1952, 117.

dergegebenen Meinungen: Sie ist erst vor wenigen Jahren aus einer fundierten Kritik der überkommenen Ansichten entwickelt worden und hat sich sofort im gesamten Kommentarschrifttum durchsetzen können, ist andererseits aber auch auf diesen Bereich beschränkt geblieben.

Urheber dieser neuen Theorie zum Schutzobjekt der falschen Anschuldigung ist *Schröder*[119]. Den äußeren Anlaß für ihre Entwicklung bot eine Entscheidung des Bundesgerichtshofes[120], mit der dieser eine Verurteilung gemäß § 164 wegen einer falschen Anzeige bei einer ausländischen Behörde bestätigte, obwohl sich nach nahezu einhelliger, auch vom Bundesgerichtshof selbst ausdrücklich zugrunde gelegter Ansicht der Schutzbereich derjenigen Delikte, durch die staatliche Autorität und staatliche Tätigkeit verletzt werden, auf die Organe des Inlandes beschränkt. Dieses Urteil stand nach allen bis dahin vertretenen Auffassungen zum Schutzobjekt des § 164 im Widerspruch zu jenen Entscheidungen, in denen der Täter trotz Einverständnis des Bezichtigten mit der falschen Anzeige aus § 164 verurteilt worden war[121], weil nun sowohl die Individual- als auch die Gemeinschaftsrechtsgutsverletzung im Einzelfall als verzichtbar behandelt worden waren. Vom Boden der Lehre von der Schutzobjektskumulation aus, wie sie die Rechtsprechung selbst vertrat, mußte sogar diese wie jene Judikatur als falsch bezeichnet werden: „Eine Kumulation der Schutzzwecke würde bedeuten, daß in jedem Einzelfall sowohl die Rechtspflege wie der Angeschuldigte durch die Tat verletzt sein müßten. Würde eines der beiden Elemente entfallen, so könnte der Tatbestand keine Anwendung mehr finden[122]."

Damit war dargetan, daß sich nicht zugleich die Ergebnisse der verschiedenen Entscheidungen und die überkommenen Auffassungen zum Schutzobjekt der falschen Anschuldigung halten ließen. Wenn man die Ergebnisse jener Entscheidungen, die sich jeweils mit einer (Gemeinschafts- *oder* Individual-) Rechtsgutsverletzung begnügten, sämtlich für richtig erachtete, dann folgte daraus mit einer gewissen Zwangsläufigkeit[123] die neue Lehre von der „Alternativität der Schutzzwecke" im § 164. Geschützt werden also nach dieser Auffassung durch § 164 die inländische Rechtspflege vor der Gefährdung ihrer Autorität und der einzelne vor ungerechtfertigten staatlichen Maßnahmen, und zwar alternativ, d. h. jede der beiden Rechtsgutsverletzungen für sich allein reicht zu einer Verurteilung wegen falscher Anschuldigung aus[124].

---

[119] Zur Rechtsnatur der falschen Anschuldigung, NJW 1965, 1888 ff.
[120] Urteil vom 13. 1. 65 — 3 StR 43/64; JR 1965, 306 f.
[121] RGSt 59, 35; BGHSt 5, 67.
[122] *Schröder*, NJW 1965, 1889.
[123] Deutlich *Schröder*, NJW 1965, 1890, und *Schönke - Schröder*, StGB, § 164 Anm. 2.
[124] *Schröder*, NJW 1965, 1889 f.; *Schönke - Schröder*, StGB, § 164 Anm. 2.

Nicht zuletzt die Intention des Urhebers, die gesamte Rechtsprechung zur falschen Anschuldigung als in sich widerspruchsfrei erscheinen zu lassen, erklärt das Phänomen, daß dieses neue Verständnis des § 164 seine Anhänger gerade (und bisher ausschließlich) im kommentierenden Schrifttum gefunden hat. Dort haben sich *Herdegen*[125], *Lackner*[126] und *Dreher*[127] inzwischen der neuen Lehre angeschlossen.

2. Auseinandersetzung mit den überkommenen Auffassungen

Das Meinungsspektrum zum Schutzobjekt der falschen Anschuldigung ist vorstehend so wiedergegeben worden, wie es sich in Schrifttum und Rechtsprechung darbietet. Alle Auffassungen sind dabei zunächst als gleichwertig behandelt worden. Da allenfalls eine von ihnen richtig sein kann, sind sie nunmehr im einzelnen daraufhin zu überprüfen, ob eine von ihnen jeder Kritik standhält. Dabei kann in gewissem Umfang auf das zurückgegriffen werden, was bisher schon im Schrifttum an wechselseitiger Kritik vorgetragen worden ist.

Diese Auseinandersetzung mit den überkommenen Auffassungen zum Schutzobjekt des § 164 wird von der Erkenntnis auszugehen haben, „daß es sich bei der grammatischen und systematischen Interpretation von Straftatbeständen um letztrangige Methoden handelt, und daß auch bei folgerichtiger Anwendung und Auswertung dieser beiden Hilfsmittel stets nur zweifelhafte Ergebnisse gewonnen werden können, wenn nicht die Gesetzesteleologie an maßgeblicher Stelle zur Auslegung eingesetzt wird"[128]. Die Teleologie aber setzt ihrerseits die Logik voraus, so daß selbst scheinbar gerechte Ergebnisse letztlich unhaltbar sind, wenn sie nicht auf einer in sich widerspruchsfreien Begründung beruhen.

Das erste Ziel der Auseinandersetzung mit den überkommenen Meinungen besteht darin, die begriffsnotwendige(n) Rechtsgutsverletzung(en) der falschen Anschuldigung herauszuarbeiten. Entgegen einer verbreiteten Ansicht sind nämlich solche Gutsverletzungen, die nur häufig oder vielleicht sogar regelmäßig, aber eben nicht notwendig bei einem Delikt eintreten (wie z. B. Vermögensschäden als Folgen einer schweren Körperverletzung [§ 224]), für die Frage nach dem Schutzobjekt der betreffenden Strafvorschrift irrelevant.

Ein weiterer Gesichtspunkt, der bei der Kritik der überkommenen Auffassungen beachtet werden muß, ist die begriffliche Selbständigkeit

---
[125] Leipziger Kommentar, § 164 Anm. 3.
[126] *Lackner - Maassen*, StGB, § 164 Anm. 2.
[127] Strafgesetzbuch, § 164 Anm. 1 A b, cc.
[128] So treffend *Maurach*, NJW 1961, 1050, zu einem gleichartigen Problem.

des Rechtsgutes und der tatbestandlichen Verletzungsart[129]. Diese erst von der neueren Dogmatik herausgearbeitete Erkenntnis besagt, daß beide unabhängig voneinander den Unrechtsgehalt der jeweiligen Straftat bestimmen. Beide sind deshalb aus sich selbst heraus auszulegen. Es wäre also ein methodischer Fehler, aus der Verletzungsart das Rechtsgut ableiten zu wollen. Alle derartigen Stellungnahmen sind folglich von vornherein unhaltbar.

Unter Berücksichtigung dieser grundsätzlichen Einwände sind nunmehr die überkommenen Meinungen zum Schutzobjekt der falschen Anschuldigung im einzelnen zu untersuchen.

a) Kritik der Lehre von der Alternativität der Schutzzwecke

Die Auseinandersetzung mit der Lehre von der Alternativität der Schutzzwecke[130] muß mit einem Hinweis beginnen, der einem möglichen Mißverständnis vorbeugt. Diese Lehre behauptet nicht die „Alternativität der Schutzobjekte" bei der falschen Anschuldigung, was in der Tat den Grundregeln des Strafrechts widersprechen würde und von vornherein nur als abwegig bezeichnet werden könnte. Sie vertritt vielmehr die Ansicht, daß diesem Delikt zwei Schutzobjekte zugrunde liegen, daß aber die Verletzung eines jeden von beiden — also sowohl die Gefährdung des Ansehens und der Autorität der deutschen Staatsorgane als auch die Gefährdung des Angeschuldigten durch ungerechtfertigte behördliche Maßnahmen — für eine Verurteilung aus § 164 ausreicht[131]. Gemeint ist also die Alternativität zweier Schutzobjektsverletzungen.

Aber auch bei richtigem Verständnis bestehen gegen diese Auffassung schwerwiegende Bedenken. Schon die *Terminologie* ist fragwürdig. Der Ausdruck „Alternativität" sollte für den notwendigen wechselseitigen Ausschluß zweier Möglichkeiten vorbehalten bleiben, während hier das Ausreichen eines Schutzzwecks bei regelmäßiger Schutzzweckkumulation gemeint ist.

Zweifelhaft ist ferner, ob die divergierenden *Ausgangsfälle* der Rechtsprechung[132], zu deren Begründung diese Theorie entwickelt worden ist, in ihrer *Struktur* überhaupt gleichartig sind. Während nämlich beim Einverständnis des Verdächtigten die Tat einen deutlichen Bezug auf die zweite (für die Strafbarkeit angeblich notwendige) Schutz-

---

[129] *Langer*, Sonderverbrechen, 287 ff., 295 ff. (mit Nachweisen); siehe ferner *Maurach*, Allg. Teil, 217, 225; *Schmidhäuser*, Strafrecht, 8/39.
[130] Vgl. oben, S. 33 ff.
[131] *Schröder*, NJW 1965, 1890.
[132] Vgl. oben, S. 34.

2a. Kritik der Lehre von der Alternativität der Schutzzwecke

objektsverletzung aufweist[133], fehlt diese Beziehung bei der an ausländische Behörden gerichteten Verdächtigung völlig, und es ist mehr als fraglich, ob ohne eine solche wenigstens durch ein tatbestandsmäßiges Verletzungsobjekt[134] vermittelte Beziehung die Tatbestandsmäßigkeit des gesamten Verhaltens überhaupt bejaht werden kann. Damit könnte auch diese Lehrmeinung die von ihr selbst aufgezeigten Widersprüche innerhalb der Rechtsprechung letztlich nicht aufheben.

Auf dieses Ziel aber war die Lehre von der Alternativität der Schutzobjektsverletzungen bei ihrer Entwicklung so ausschließlich ausgerichtet, daß ihre entscheidende *Voraussetzung* nicht nachgewiesen, sondern *unterstellt* wurde: die These nämlich, das Delikt der falschen Anschuldigung richte sich gegen zwei Schutzobjekte, ein Gemeinschafts- und ein Individualrechtsgut. Diese Behauptung ist alles andere als unbestritten und hätte deshalb einer Begründung bedurft. Der bloße Hinweis auf die durch eine Straftat möglicherweise verletzten verschiedenartigen Interessen genügt (gerade in Anbetracht der für ausreichend erklärten „Alternativität") insoweit nicht, wie man sich anhand eines jeden anderen Delikts leicht klarmachen kann[135]. So berührt etwa die Körperverletzung gem. § 223 regelmäßig das staatliche Interesse an der Leistungsfähigkeit der Krankenkassen, ohne daß bisher die Auffassung vertreten worden wäre, trotz Einwilligung bleibe der Täter jedenfalls dann aus § 223 strafbar, wenn der Verletzte eine Krankenkasse in Anspruch nimmt. Die Strafvorschrift gegen den Meineid schützt die Rechtspflege und dient dadurch mittelbar dem Rechtsuchenden; fehlte im konkreten Fall die allgemeine Zuständigkeit zur Eidesabnahme (etwa gegenüber dem Angeklagten im Strafverfahren), so kann die Verletzung von Interessen eines solchen Drittbetroffenen (etwa des Nebenklägers) durch den falschen Eid nicht zur Strafbarkeit gemäß § 154 führen. Hier fehlt es eben jeweils schon am zweiten Rechtsgut, so daß sich die Frage nach der „Alternativität" gar nicht erst stellt. Ebenso könnte es bei der falschen Anschuldigung sein. Auch bei ihr durfte deshalb eine doppelte Schutzobjektsverletzung nicht ungeprüft vorausgesetzt werden, sondern es hätte genau untersucht werden müssen, ob es sich bei einem der

---

[133] Sieht man die Einwilligung mit der wohl noch herrschenden Meinung als Rechtfertigungsgrund an (vgl. beispielhaft *Maurach*, Allg. Teil, 338 ff.), so ist damit sogar jene zweite Rechtsgutsverletzung selbst vorausgesetzt (so ausdrücklich *Schönke - Schröder*, StGB, Vorbem. 33 vor § 51). Aber auch, wenn die Einwilligung als ein Geschehen verstanden wird, das bereits die Unrechtsbegründung verhindert (*Schmidhäuser*, Strafrecht, 8/130 ff., mit Nachweisen), ist hier eine Beziehung wenigstens durch ein tatbestandsmäßiges Tatobjekt hergestellt.
[134] Vgl. hierzu im einzelnen *Langer*, Sonderverbrechen, 288, 293 ff.
[135] Treffend hat gerade *Schröder* selbst (GA 1961, 291 f.) für die Bestechungsdelikte die Annahme einer solchen Alternativität zwischen der „Unentgeltlichkeit der Amtsführung" und der „Verfälschung des Staatswillens" widerlegt und die wirkliche Rechtsgutsverletzung herausgearbeitet.

II. Die Probleme der Schutzobjektsbestimmung

behaupteten Schutzzwecke nicht in Wahrheit nur um einen bloßen Reflex der diesem Delikt wirklich zugrunde liegenden Rechtsgutsverletzung handelt.

Diese Untersuchung soll jedoch hier zunächst noch nicht nachgeholt werden[136]. Immerhin ist es vorstellbar, daß die falsche Anschuldigung zwei Schutzobjekte verletzt. Deshalb sei im folgenden die Richtigkeit dieser Behauptung vorläufig unterstellt und geprüft, ob die Lehre von der Alternativität der Schutzzwecke wenigstens dann den systematischen und methodologischen Einwänden standhält.

Keine zwingende Antwort auf die Frage, aber doch für das Gesamturteil aufschlußreich ist die Tatsache, daß es *kein anderes Delikt* mit doppeltem Schutzobjekt gibt, bei dem eine solche Alternativität der Schutzzwecke angenommen wird. Bei allen sonstigen Straftaten mit einem doppelten Schutzobjekt — von der grausamen Tötung (§ 211) über den Raub (§ 249) bis zur verleumderischen Kreditgefährdung (§ 187) — ist eben zur Deliktsbegehung unstreitig die Verletzung beider Rechtsgüter notwendig. So spricht der erste Anschein dafür, daß es sich bei dieser Lehre auch im Rahmen des § 164 nicht um eine sachgerechte Erfassung der Phänomene, sondern ausschließlich um eine selbst unhaltbare Hilfskonstruktion zur Abstützung einer in sich widersprüchlichen Judikatur handelt.

Diese Annahme wird zur Gewißheit, wenn man die Lehre von der Alternativität der Schutzzwecke auf ihre *Vereinbarkeit mit den Grundregeln der Verbrechenssystematik* hin im einzelnen untersucht, wie es im folgenden geschehen soll. Zu diesem Zweck sei zunächst kurz skizziert, auf welche Weise der Gesetzgeber überhaupt bei der Tatbestandsbildung Schutzobjektsverletzungen miteinander verknüpfen kann, und sodann, unter welchen Voraussetzungen die „Alternativität" eine mögliche Form solcher Verknüpfung sein kann.

Aus der Fülle möglicher Kombinationen von Unwertmomenten, die der Gesetzgeber bei der Tatbestandsbildung unter dem Leitaspekt der Strafwürdigkeit vornimmt[137], sind hier nur die Arten zu betrachten, in denen die Verletzungen verschiedener Rechtsgüter miteinander verknüpft sein können. Den gesetzlichen Regelfall könnte man als „qualifizierte Kumulation" bezeichnen: Die Verletzung des einen Rechtsgutes dient hier einmal als Mittel zur Verletzung des anderen, wie etwa beim Raub (§ 249) die Freiheitsbeeinträchtigung als Mittel zur Eigentumsverletzung. Diese Mittel-Zweck-Relation in ihrer besonderen Gefährlichkeit und Verwerflichkeit steigert den Strafwürdigkeitsgehalt weit über das Maß hinaus, das bei tateinheitlichem Zusammentreffen

---

[136] Vgl. dazu unten, S. 45 ff.
[137] Vgl. hierzu *Langer*, Sonderverbrechen, 344 f.

2 a. Kritik der Lehre von der Alternativität der Schutzzwecke

beider einzeldeliktisch vertatbestandlichten Rechtsgutsverletzungen üblich ist und macht dadurch die eigenständige Vertatbestandlichung mit entsprechend höherem Strafrahmen erforderlich. Zum anderen gehören die sog. erfolgsqualifizierten Delikte zu dieser Art der gesetzlichen Verknüpfung von Rechtsgutsverletzungen; auch sie sind durch eine besondere Steigerung der Strafwürdigkeit gekennzeichnet. — Die „einfache Kumulation" von Rechtsgutsverletzungen wird man hingegen im Besonderen Teil des Strafgesetzbuches vergeblich suchen: Werden durch eine Tat zwei selbständig vertatbestandlichte Schutzobjektsverletzungen begangen, so enthält die Bestimmung über die Idealkonkurrenz (§ 73) die der Strafwürdigkeit eines solchen Verhaltens gemäße Regelung. Die bloße Addition beider innerhalb einer eigenen Strafvorschrift könnte lediglich jene Regelung nochmals wiederholen und wäre daher gesetzestechnisch äußerst unpraktikabel. Immerhin ist zu beachten, daß auch hier der höhere Unwert der doppelten Gutsverletzung gemäß § 73 wenigstens im Schuldspruch zum Ausdruck kommt. — Die dritte denkbare Art der Verknüpfung schließlich ist die „Alternativität" in dem hier zu untersuchenden Sinne, und es fragt sich sogleich, ob und ggf. unter welchen Voraussetzungen sie im Rahmen der geltenden strafrechtlichen Grundsätze (wie beispielsweise des Bestimmtheitsgebotes gemäß Art. 103 Abs. 2 GG) überhaupt verwirklicht sein kann.

Überraschenderweise gibt es Deliktstatbestände mit einer solchen „Alternativität" der zugrunde liegenden Rechtsgutsverletzungen im Strafgesetzbuch tatsächlich. Dabei geht es nicht — um mögliche Mißverständnisse von vornherein auszuschließen — um die gar nicht ungewöhnliche „Alternativität" unterschiedlicher Arten der Verletzung desselben Rechtsgutes; so reicht beispielsweise bei der Urkundenfälschung das Herstellen einer unechten, das Verfälschen einer echten und das Gebrauchen einer unechten oder verfälschten Urkunde in Täuschungsabsicht jeweils für sich allein zur Bestrafung gemäß § 267 aus. Auch von alternativen Verletzungsarten kann aber nur dort gesprochen werden, wo der *Gesetzeswortlaut selbst* die Alternativität durch die Konjunktion „oder" zum Ausdruck bringt. Das geschieht bei den Verletzungen verschiedener *Rechtsgüter* innerhalb einer Strafvorschrift unmittelbar nur bei der unterlassenen Verbrechensanzeige (§ 138), wo die ähnliche Werthöhe der gefährdeten Rechtsgüter und die gleichförmige Verletzungsart, nämlich das Unterlassen, eine solche Zusammenfassung nahelegten. Unter den gleichen Voraussetzungen ist die alternative Verknüpfung von Schutzobjektsverletzungen auch bei Tätigkeitsdelikten möglich, jedoch ist sie im geltenden Strafrecht jedenfalls außerhalb des hier zu untersuchenden § 164 bisher nicht zu finden. Soweit sie aber realisiert ist, ist die Strafbarkeit am Strafwürdigkeitsgehalt jeweils einer der alternativen Gutsverletzungen ausgerichtet.

II. Die Probleme der Schutzobjektsbestimmung

Versucht man nun, das Delikt der falschen Anschuldigung in das soeben entwickelte Schema der möglichen Verknüpfungen von Schutzobjektsverletzungen einzuordnen, dann fällt bei unbefangener Betrachtung des Gesetzeswortlautes sofort auf, daß die als alternativ behaupteten Gutsverletzungen eben nicht durch ein „oder" voneinander abgehoben sind, sondern daß die Individualguts- nur mittels der Gemeinschaftsgutsverletzung erfolgen kann. Der Gesetzeswortlaut deutet also nicht auf „Alternativität", sondern auf „qualifizierte Kumulation". Die Frage kann also nur noch sein, ob die Auslegung des Gesetzes sich über seinen eindeutigen Wortsinn hinwegsetzen und ein „oder" hineininterpretieren darf.

Diese Frage ist — unabhängig von dem Streit darüber, ob der mögliche Wortsinn eine Schranke für die Auslegung bildet[138] — auf Grund der systematischen Funktion des Unrechtstatbestandes, des Schuldprinzips und des verfassungsrechtlichen Gebotes der gesetzlichen Bestimmung der Strafbarkeit eindeutig zu verneinen.

Der *Unrechtstatbestand* ist die Form, in der der Gesetzgeber die deliktischen Rechtsgutsverletzungen anschaulich beschreibt, bei der falschen Anschuldigung also die Schilderung einer Individualgefährdung *durch* Rechtspflegemißbrauch. Auch im tatbestandsmäßigen Unrecht sind Form und Inhalt zwar dem Begriff nach unterscheidbar, aber als Strafvoraussetzungen untrennbar miteinander verbunden[139]. Ändert man nun den jener Strafvorschrift zugrunde liegenden Unrechtsgehalt, indem man die Individualgefährdung *oder* den Rechtspflegemißbrauch jeweils allein für ausreichend erklärt, so ändert man damit zwangsläufig auch den Unrechtstatbestand. Bezogen auf die gesetzliche Tatbestandsfassung bedeutet dies, daß man sich nicht nur — materiell — mit einem bloßen Teil des vorausgesetzten Unrechtsunwertes begnügt, sondern auch — formell — ein nicht voll tatbestandsmäßiges Verhalten bestraft.

Zu den Grundbedeutungen des *Schuldprinzips*[140] gehört das Gebot, Strafe nur in angemessenem Verhältnis zur Schuld des Täters zu verhängen. Der Rahmen hierfür wird bei der Tatbestandsbildung vom Gesetzgeber selbst festgelegt. Da das Gewicht der Rechtsschuld auch von dem Maß des Unrechts abhängig ist, auf das sie sich bezieht[141], werden mit den alternativen Schutzobjektsverletzungen zugleich entsprechend alternative Teilschuldgehalte für die Bestrafung aus § 164 als

---

[138] Zu diesem Meinungsstreit vgl. einerseits *Schmidhäuser*, Strafrecht, 5/43, und andererseits *Schönke - Schröder*, StGB, § 2 Anm. 31, jeweils mit Nachweisen.
[139] Siehe hierzu im einzelnen *Langer*, Sonderverbrechen, 341, 349, 352 f.
[140] Vgl. *Schmidhäuser*, Strafrecht, 5/36; *Jescheck*, Lehrbuch, 14; *Baumann*, Strafrecht, 344 f.
[141] *Langer*, Sonderverbrechen, 323 f. (mit Nachweisen).

2 b. Kritik der Lehre von der Schutzobjektskumulation

hinreichend erklärt. Der Strafrahmen aber ist am vollen Regelschuldgehalt der falschen Verdächtigung orientiert. Seine Anwendung auf ein Geschehen, das nur einen Bruchteil dieser geistigen Wertverfehlung enthält, führt deshalb zu einer unangemessen hohen Strafbarkeit und verstößt somit gegen den Schuldgrundsatz.

Wenn schließlich Art. 103 Abs. 2 GG festlegt, daß die Strafbarkeit einer Tat vor ihrer Begehung *gesetzlich bestimmt* sein muß, so besagt dieses Erfordernis, daß der Gesetzgeber selbst die jeweiligen Mindestvoraussetzungen der Strafbarkeit so genau wie möglich zu benennen hat[142]. Ist das wie im § 164 geschehen und wird nun im Wege der Auslegung zwischen die Individualgefährdung und den Rechtspflegemißbrauch ein „oder" hineininterpretiert mit dem Ziel, jedes für sich zur Bestrafung ausreichen zu lassen, so begnügt man sich in Wahrheit jeweils mit einem Teil der gesetzlichen Strafbarkeitsvoraussetzungen und ahndet unter Verletzung von Art. 103 Abs. 2 GG Verhaltensweisen, deren Strafbarkeit nicht „gesetzlich bestimmt" ist.

Die Lehre von der „Alternativität der Schutzzwecke" bei der falschen Anschuldigung hält also einer kritischen Überprüfung selbst dann nicht stand, wenn man die Existenz zweier Rechtsgutsverletzungen bei diesem Delikt unterstellt.

b) Kritik der Lehre von der Schutzobjektskumulation

Die Auseinandersetzung mit der Lehre von der Kumulation der Schutzobjektsverletzungen[143] kann trotz der großen Zahl ihrer Anhänger in Schrifttum und Rechtsprechung relativ kurz gehalten werden. Nach dieser Lehre richtet sich die falsche Anschuldigung sowohl gegen die Rechtspflege als auch gegen den Denunzierten. Umstritten ist innerhalb dieser Auffassung, ob einem und ggf. welchem der Schutzzwecke der Vorrang einzuräumen sei. Hierbei handelt es sich um eine Wertentscheidung, von der keiner ihrer Befürworter bisher dargetan hat, ob sie teleologisch sinnvoll ist, d. h. ob sie irgendwelche Konsequenzen für die Rechtsfolgen hat. Da solche Konsequenzen nicht zu erkennen sind, darf die Rangfrage hier offenbleiben. Unabhängig von ihrer unterschiedlichen Beantwortung wird nämlich nach allen Spielarten dieser Kumulationslehre bei der falschen Anschuldigung sowohl ein Gemeinschafts- als auch ein Individualrechtsgut verletzt; alle sind also auch den allgemeinen Einwänden gegen die Auffassung dieses Delikts als Doppelrechtsgutsverletzung ausgesetzt, und schon sie greifen durch.

---

[142] Vgl. z. B. *Schmidhäuser*, Strafrecht, 5/23; 5/27.
[143] Vgl. oben, S. 30 ff.

Nicht gemeint sind damit jene Einwände gegen die Kumulationslehre, die sich bereits ohne nähere Prüfung als bloße *Scheinargumente* erweisen. So spricht die systematische Stellung im Gesetz, nämlich der unmittelbare Zusammenhang mit den Rechtspflegedelikten der §§ 153 ff., schon deshalb nicht gegen die Kumulationslehre, weil man eine gegen zwei Schutzobjekte gerichtete Straftat schließlich nur bei einem der beiden in das Gesetz einordnen kann. Ebensowenig kann die Kumulationslehre durch den Hinweis in Frage gestellt werden, daß der Rechtspflegemißbrauch im § 145 d und die Individualgefährdung in den §§ 185 ff., 239 f. u. a. unter Strafe gestellt sind; denn dort handelt es sich jeweils um völlig andere Verletzungsarten.

Nicht gemeint sind hier auch jene Einwände, die zwar die Kumulationslehre widerlegen, deren Voraussetzungen aber einer detaillierten Untersuchung bedürften. So wird etwa, wie bereits dargelegt, die *Existenz* zweier Schutzobjektsverletzungen bei diesem Delikt ausnahmslos *nur behauptet*, während sich das gesamte Interesse auf die Erörterung der Rangfrage konzentriert. Der dadurch ggf. mögliche Nachweis, daß entweder die Rechtspflege oder der Verdächtigte nicht Rechtsgut der falschen Anschuldigung ist, würde umfangreiche Analysen dieser beiden potentiellen Schutzobjekte erforderlich machen und soll deshalb hier zurückgestellt werden[144].

Unmittelbar einsichtig hingegen und zugleich eine zwingende Widerlegung der Kumulationslehre ist der Umstand, daß diese Auffassung ihr eigenes Strafbarkeitsziel nicht zu begründen vermag und somit *teleologisch verfehlt* ist. Ihr Telos besteht darin, sowohl Individualgefährdungen durch Anzeigen bei ausländischen Behörden als auch den bloßen Rechtspflegemißbrauch bei Einverständnis des Verdächtigten mit der Tat als falsche Anschuldigung zu ahnden und damit die Strafbarkeit gemäß § 164 im Vergleich mit allen übrigen Auffassungen von diesem Delikt *auszuweiten*. Durch eine Verdoppelung des Schutzzweckes kann aber nicht eine Strafausweitung, sondern *nur eine Strafeinschränkung* erzielt werden, und zwar dergestalt, daß in beiden eben genannten Fällen der Täter straflos zu bleiben hat[145]. Stärker als jede andere Auffassung divergiert deshalb die Kumulationslehre von den Ergebnissen der Rechtsprechung, die zu begründen sie gerade vorgibt. Dem überzeugenden Nachweis *Schröders*[146], daß die Kumulationslehre sich so teleologisch selbst widerlegt hat, ist nichts hinzuzufügen.

---

[144] Die Widerlegung auch nur einer jener behaupteten Schutzobjektsverletzungen ist ein weiterer zwingender Beweis gegen die Kumulationslehre. Vgl. deshalb auch unten, S. 43 ff.
[145] Vgl. hierzu oben, S. 34.
[146] Zur Rechtsnatur der falschen Anschuldigung, NJW 1965, 1889.

Freilich trifft diese Kritik die Kumulationslehre nur in ihrer gegenwärtig im Schrifttum und in der Rechtsprechung ausnahmslos vertretenen Form. Es wäre aber immerhin möglich, die falsche Verdächtigung methodisch einwandfrei als Kumulation einer Gemeinschafts- und einer Individualgutsverletzung zu begreifen mit der Folge, daß sowohl die Rechtspflege als auch der Verdächtigte verletzt sein müßte, wenn eine Verurteilung aus § 164 in Betracht kommen soll. Diese Auffassung ist bisher — soweit ersichtlich — nur von *Frank*[147] vertreten worden, der weder Individualgefährdungen durch Anzeigen bei ausländischen Behörden[148] noch den Mißbrauch der deutschen Rechtspflege bei Einwilligung des Verdächtigten[149] jeweils für sich als ausreichend für eine Bestrafung wegen falscher Anschuldigung ansah. Von allen Meinungen zum Schutzobjekt der falschen Verdächtigung weicht diese also am stärksten von den (unterschiedlich begründeten) Ergebnissen der Rechtsprechung und der herrschenden Lehre ab. Eine solche Strafeinschränkung wird heute allgemein als zu weitgehend empfunden.

Wohl nicht zuletzt deswegen findet sich die Kumulationslehre *in dieser Form* derzeit im Schrifttum nicht. Deshalb erscheint es als statthaft, auch die Kritik dieser Ansicht zunächst zurückzustellen und zuerst diejenigen Auffassungen zu überprüfen, nach denen sich die falsche Verdächtigung gegen ein Individualrechtsgut richtet. Erweist sich diese These nämlich als unzutreffend, so ist damit zugleich auch jener (hier noch nicht widerlegten) zweiten Spielart der Kumulationslehre endgültig der Boden entzogen[150].

c) *Kritik der Lehre vom Individualrechtsgut*

Die Auseinandersetzung mit den Lehrmeinungen, die ein Individualrechtsgut als Schutzobjekt des § 164 ansehen[151], wird sich nicht auf die ausdrücklich vertretenen Spielarten des „Ehrverletzungsdelikts" und des „Delikts gegen die Sicherheit der Person" beschränken. Sie soll vielmehr alle denkmöglichen Varianten erfassen[152], weil nach der Widerlegung der Alternativitäts- und der Kumulationslehre aus der Kritik dieser Auffassung bereits die endgültige Entscheidung über das Schutzobjekt der falschen Anschuldigung erwächst. Zu diesem Zweck

---
[147] Strafgesetzbuch, § 164 Anm. I.
[148] *Frank*, Strafgesetzbuch, § 164 Anm. II, 2.
[149] *Frank*, Strafgesetzbuch, § 164 Anm. I, 1; insoweit vermag seine Begründung allerdings kaum zu überzeugen.
[150] Zur Widerlegung dieser Auffassung durch Widerlegung ihrer Prämissen vgl. im einzelnen unten, S. 50 ff.
[151] Vgl. hierzu oben, S. 26 ff.
[152] Das gilt vor allem für die Aussagen zum Individualrechtsgut, die im Rahmen der Kumulationslehre gemacht worden sind und wegen der rein teleologischen Widerlegung jener Lehre bisher noch nicht inhaltlich überprüft worden sind. Vgl. hierzu oben, S. 30 ff.

werden im folgenden nach der Überprüfung jener ausdrücklich vertretenen Spielarten zunächst die Argumente für die Individualgut-Auffassungen kritisch gewürdigt und sodann die gegen sie sprechenden Einwände behandelt.

aa) Daß nicht die *Ehre* das die falsche Anschuldigung charakterisierende Individualrechtsgut sein kann[153], ist inzwischen weitgehend anerkannt. Selbst wenn man nämlich die Frage nach dem Schutzobjekt auf § 164 Abs. 1 beschränkt, ist offensichtlich, daß die Verdächtigung nicht notwendig die Ehre des Bezichtigten verletzt[154]. Handelt es sich bei der fälschlich behaupteten Straftat beispielsweise um ein Verkehrsdelikt oder um ein Vergehen eines Schuldunfähigen, so braucht durch die Verdächtigung der soziale Achtungsanspruch des Bezichtigten in keiner Weise beeinträchtigt zu werden.

Die Auffassung, welche die Deliktsnatur des § 164 in der *Gefährdung der Person* des Bezichtigten sieht, hat eine exakte Definition des Schutzobjektes nicht zustande gebracht[155]. Dieser Umstand kennzeichnet nicht nur einen Fall der bei vielen Rechtsgütern bestehenden Schwierigkeit sachgerechter Benennung, sondern er ist Ausdruck der inhaltlichen Ungeklärtheit, bei der jene Auffassung verharrt. Es ist vielleicht überspitzt, hier von einer bloßen Tautologie zu sprechen („Schutzobjekt ist der Geschützte"), aber selbst bei wohlwollender Betrachtung kann man allenfalls die Schutzrichtung (eben ein Individual- und kein Gemeinschaftsgut betreffend), nicht aber das Schutzobjekt als bestimmt ansehen. Die falsche Anschuldigung wäre somit eine Straftat mit unbestimmt vielen Schutzobjekten[156], nämlich mit den Individualgütern Ehre, Freiheit, Gesundheit, Eigentum usw. — eine Rechtsfigur, die es im gesamten übrigen Bereich der Tätigkeitsdelikte nicht gibt und wegen des verfassungsrechtlichen Bestimmtheitsgebotes auch nicht geben darf[157]. Wie bereits *Kraus*[158] nachgewiesen hat, kann man dieser Konsequenz auch nicht dadurch entgehen, daß man die „Sicherheit" der betreffenden Individualgüter zum gemeinsamen Oberrechtsgut erklärt. Denn die „Sicherheit" ist überhaupt kein Rechtsgut, sondern sie ist die bloße Negation einer Verletzungsart, nämlich der „Gefährdung", was man schon daran erkennen kann, daß es eine selbständig existierende „Sicherheit" nicht gibt, sondern immer nur die Sicherheit bestimmter einzelner Rechtsgutsobjekte.

---

[153] Vgl. hierzu oben, S. 27.
[154] Ebenso schon RG HRR 1939, Nr. 190; *Simon*, Das Wesen der falschen Anschuldigung, 43; LK (*Herdegen*), § 164 Anm. 4.
[155] Vgl. hierzu oben, S. 27 f.
[156] Kritisch hierzu schon *Kurt Mayer*, Die falsche Anschuldigung, 23 f.
[157] Die bereits aufgewiesene Besonderheit des § 330 c, die in der Struktur der Unterlassung begründet ist, kann hier außer Betracht bleiben.
[158] Zum Wesen der sogenannten falschen Anschuldigung, 44 f.

2 c. Kritik der Lehre vom Individualrechtsgut

bb) Die ausdrücklich vertretenen Spielarten der Lehrmeinung, die die Verletzung eines Individualrechtsgutes als das Wesen der falschen Anschuldigung ansieht, können bereits auf Grund der vorstehenden Kritik als widerlegt bezeichnet werden. Im folgenden ist nun diese Lehrmeinung einer *umfassenden* Untersuchung zu unterziehen, d. h. einer solchen, die einerseits alle denkmöglichen Spielarten umgreift (wie beispielsweise die innerhalb der Alternativitäts- und der Kumulationslehre zum Individualgut gemachten Aussagen[159], und die andererseits mittels weiterer Gesichtspunkte auch jene ausdrücklich vertretenen Spielarten erneut und möglichst mehrfach originär überprüft.

Zu diesem Zweck seien zunächst die Argumente *für* die Individualrechtsgut-Lehren untersucht. So notwendig aber ihre Überprüfung auch ist, so nachdrücklich muß andererseits schon hier hervorgehoben werden, daß sie bezüglich der Frage nach dem Schutzobjekt der falschen Verdächtigung immer nur zu einem *vorläufigen* Ergebnis führen kann: Erweisen sich jene Argumente nämlich als stichhaltig, so ist nur dargetan, daß diesem Delikt jedenfalls *auch* ein Individualrechtsgut zugrunde liegt. Erweisen sie sich hingegen als unzutreffend, so sind damit eben nur die *bisherigen Begründungen* für die Individualrechtsgut-Lehren, nicht aber diese Lehren selbst widerlegt. In beiden Fällen kann also die Frage nach dem Schutzobjekt erst in weiteren Untersuchungen definitiv geklärt werden.

Zu den am häufigsten für die Individualrechtsgut-Lehre vorgebrachten Argumenten[160] gehört der Hinweis, daß gerade diejenigen *Verletzungsarten*, die keine Beeinträchtigung von Individualinteressen enthalten, vom Gesetzgeber aus dem Tatbestand des § 164 *ausgeklammert* worden sind. So sind beispielsweise die falsche Verbrechensanzeige ohne Bezugnahme auf eine bestimmte Person, die falsche Verdächtigung einer fingierten Person wie auch die falsche Selbstbezichtigung nicht von § 164 erfaßt. Da die Rechtspflege durch diese Verhaltensweisen ebenso irregeleitet werde wie durch die Verdächtigung eines bestimmten Dritten, könne der hier fehlende, die Strafbarkeit aus § 164 erst begründende zusätzliche Unwert nur in der dort hinzukommenden Verletzung von Individualgütern des Verdächtigten liegen.

Auf den ersten Blick scheint diese Argumentation für die Individualgut-Lehre zwingend zu sein, und wohl nicht zuletzt hierauf beruht ihre große Verbreitung. Wenn man sich jedoch nicht unkritisch mit dem

---
[159] Vgl. beispielsweise *Schröder*, NJW 1965, 1889 (Bewahrung des einzelnen vor ungerechtfertigten behördlichen Maßnahmen), und *Köhler*, GS Bd. 111, 337, der die Individualgutsverletzung des § 164 durch Subtraktion der eigenständig vertatbestandlichten Individualgutsverletzungen (wie Freiheitsberaubung, Körperverletzung usw.) zu ermitteln versucht.
[160] Erstmals wurde dieses Argument wohl von *Keßler*, Einwilligung, 71, verwendet.

ersten Anschein begnügt, sondern die Begründung selbst überprüft, dann erkennt man leicht, daß bei jeder Tatbestandsbildung der Gesetzgeber unter dem Leitaspekt der Strafwürdigkeit eine Auslese aus dem Gesamtbereich möglicher Verletzungsarten vornimmt[161]. Auch das Ausklammern einzelner Verletzungsarten gehört somit zum Wesen jeder Vertatbestandlichung, so daß hieraus niemals ein Rückschluß auf das betroffene Rechtsgut möglich ist. Wenn beispielsweise Rechtsbeugungen ohne Benachteiligung einer Partei von § 336 tatbestandlich nicht erfaßt sind und deshalb nicht aus dieser Vorschrift bestraft werden können, so kann daraus eben nicht gefolgert werden (und soweit ersichtlich, ist das bisher auch nicht geschehen), daß Schutzobjekt der Rechtsbeugung (auch) ein Individualrechtsgut sei.

Unzutreffend wäre ein solcher Schluß sogar in den Fällen, in denen eine einzelne Verletzungsart von gleichem Strafwürdigkeitsgehalt aus der betreffenden Strafvorschrift ausgeklammert ist und es somit naheliegt, die Begründung dafür in einem andersartigen Schutzobjekt zu suchen. Wenn etwa die falsche Selbstbezichtigung nicht der (die Verdächtigung „eines anderen" voraussetzenden) Tatbeschreibung des § 164 unterfällt, obwohl auch bei ihr die Maßnahmen der getäuschten Behörden gegen eine ganz bestimmte Person gelenkt werden sollen, so kann die spezifische Unwertdifferenz, die jene Gesetzesbeschränkung als sinnvoll erscheinen läßt, eben nur in der bei der Selbstbezichtigung fehlenden Individualgutverletzung gefunden werden. Unrichtig ist an dieser Argumentation die unausgesprochene Prämisse, daß die Beschränkungen des Straftatbestandes notwendig auf einer derartigen Unwertdifferenz beruhen. Der Gesetzgeber kann nämlich aus dem Gesamtbereich unwertgleicher Verhaltensweisen einzelne aus *Zweckmäßigkeit*serwägungen von der Strafbarkeit ausnehmen[162], wobei seine Entscheidung von dem geschichtlich bedingten Tatbild des jeweiligen Delikts maßgeblich beeinflußt wird. Aus der Ausklammerung der falschen Selbstbezichtigung aus der Strafvorschrift des § 164 kann deshalb nicht gefolgert werden, daß erst eine Individualgutverletzung den charakteristischen Unwertgehalt dieses Delikts begründe.

Die Argumentation aus der Verletzungsart kann vielmehr für die Frage nach dem Schutzobjekt der falschen Verdächtigung nur dann fruchtbar werden, wenn man sich zuvor die Funktion des Rechtsgutes und der tatbestandlichen Verletzungart im Rahmen der Unrechtsbegründung nochmals bewußt gemacht hat[163]: Beide bestimmen *selbständig* den Unrechtsgehalt der jeweiligen Straftat. Die Unrechtssteigerung,

---

[161] Vgl. hierzu im einzelnen *Gallas*, ZStW Bd. 67, 16 ff.; *Schultz*, SchweizZfStr. 1958, 319; *Langer*, Sonderverbrechen, 333 ff., 360 ff.
[162] Vgl. hierzu im einzelnen *Langer*, Sonderverbrechen, 335.
[163] Vgl. hierzu oben, S. 35 f.

2 c. Kritik der Lehre vom Individualrechtsgut

auf der der erhöhte Strafwürdigkeitsgehalt der von § 164 erfaßten gegenüber den nicht erfaßten Begehungsweisen beruht, braucht eben nicht in der Verletzung eines *zusätzlichen Individualrechtsgutes* zu bestehen, sondern sie kann auch in der im Vergleich *intensiveren Verletzung* des betroffenen *Gemeinschaftsrechtsgutes* begründet sein. Daß letzteres bei der falschen Verdächtigung der Fall sei, daß also gerade die Rechtspflege bei den in § 164 vertatbestandlichten Verhaltensweisen sehr viel stärker geschädigt werde als bei den ausgeklammerten, die ihr nur überflüssige Mehrarbeit bereiteten[164], während die von § 164 erfaßten Verletzungsarten zusätzlich durch das ungerechtfertigte Vorgehen gegen einzelne Rechtsgenossen die staatliche Autorität gefährdeten[165], wird von namhaften Autoren vertreten. Diese Ansicht wird noch im einzelnen zu untersuchen sein[166]. Hier aber ist festzuhalten, daß die Ausklammerung gewisser, keine Beeinträchtigung von Individualinteressen enthaltender Verletzungsarten aus dem Tatbestand des § 164 kein zwingendes Argument für die Individualrechtsgut-Lehre ist[167].

Nur scheinbar stichhaltig ist schließlich auch das Argument aus § 165, der ausdrücklich vom „*Verletzten*" spricht und ihm unter gewissen Voraussetzungen die Befugnis zur Urteilsveröffentlichung zuerkennt[168]. Verletzter aber — so wird nun gefolgert — sei stets der Träger des durch die betreffende Strafvorschrift unmittelbar geschützten Rechtsgutes. Dieser Ansicht ist zu entgegnen, daß der Ausdruck „Verletzter" im Strafrecht in mehrfacher Bedeutung gebraucht wird. Die Beschränkung dieses Terminus auf die sog. Rechtsgutsträger des jeweiligen Straftatbestandes wäre sachwidrig; denn unstreitig kann auch bei der Verletzung von Gemeinschaftsrechtsgütern, bei denen es keinen solchen „Träger" gibt, das Bedürfnis bestehen, einem mittelbar Betroffenen die Rechtsstellung des „Verletzten" zuzusprechen. So ist beispielsweise bei den Aussagedelikten, denen nach einhelliger Meinung das Gemeinschaftsgut „Rechtspflege" als Schutzobjekt zugrunde liegt[169], eine Person im Hinblick auf ein Klageerzwingungsverfahren (§ 172 StPO) „dann als verletzt anzusehen, wenn durch die Aussage ihre Stellung im Prozeß irgendwie erschwert wurde"[170]. Verletzter ist somit jeder, dessen Rechtssphäre durch die betreffende Straftat beeinträchtigt worden ist. Das ist zwar immer, aber eben nicht nur beim sog. Rechtsgutsträger

---

[164] LK (*Willms*), § 145 d Anm. 2; *Schönke - Schröder*, StGB, § 145 d Anm. 1.
[165] *Schröder*, NJW 1965, 1889.
[166] Vgl. hierzu unten, S. 52 ff.
[167] Im Ergebnis ebenso schon *Kraus*, Zum Wesen der sogenannten falschen Anschuldigung, 25 ff.
[168] Auch dieses Argument findet sich bereits bei *Keßler*, Einwilligung, 71.
[169] *Schönke - Schröder*, StGB, Vorbem. 2 vor § 153 (mit zahlreichen Nachweisen).
[170] OLG Hamm, NJW 1961, 1687; ebenso OLG Hamburg, GA 1970, 243 f.

der Fall. Über das von einem Deliktstatbestand unmittelbar geschützte Rechtsgut hinaus gibt es nämlich eine Zone des mittelbaren Schutzes für weitere Güter, die zwar nicht begriffsnotwendig, aber doch typischerweise durch die betreffende Straftat verletzt werden, wie das eben erwähnte Beispiel der Aussagedelikte zeigt. Dieses Phänomen läßt sich in seinem funktionalen Unterschied zum Schutzobjekt wohl am besten als „Schutzreflex" der Straftat kennzeichnen[171]. Gerade weil „Verletzter" auch derjenige ist, dem lediglich der Schutzreflex einer Strafvorschrift zugute kommt, kann aus der Verwendung dieses Ausdrucks im § 165 für die Frage nach dem (begriffsnotwendigen) Schutzobjekt der falschen Anschuldigung nichts entnommen werden[172].

cc) Halten somit die im Schrifttum üblichen Begründungen für die Individualgut-Lehren einer genaueren Überprüfung nicht stand, so ist damit andererseits jedoch noch kein endgültiges Urteil über diese Lehren selbst gefällt. Ob sie mittels anderer Argumente nicht letztlich doch zu überzeugen vermögen, sei im folgenden zuerst für die *reine* Individualgut-Lehre untersucht, d. h. für die Ansicht, nach der die falsche Verdächtigung ausschließlich ein Individualrechtsgut verletzt.

Betrachtet man zunächst die *Dogmengeschichte* der falschen Anschuldigung, so stellt man fest, daß diese Auffassung nur im älteren Schrifttum Anhänger hatte[173]. Daß sie in neuerer Zeit nicht mehr vertreten wird, ist zwar kein zwingender Einwand gegen sie, macht aber doch deutlich, welch geringe Evidenz ihr nach dem gegenwärtigen Entwicklungsstand der Strafrechtsdogmatik zukommt.

Wendet man sich sodann der *systematischen Stellung* des § 164 im Strafgesetzbuch zu, so bemerkt man, daß das Delikt der falschen Anschuldigung dort unmittelbar an die gegen die Rechtspflege gerichteten Aussageverbrechen anschließt[174], und auch die folgenden Strafvorschriften dienen nicht dem Individualgüterschutz. Die Stellung im Gesetz, die freilich nur als Anzeichen und nicht als Beweis hinsichtlich

---

[171] Die Einwilligung läßt auch den Schutzreflex entfallen. Auch insoweit ist der Einwilligende nur scheinbar ein „Verletzter". Die Bekanntmachungsbefugnis gemäß § 165 steht ihm folglich nicht zu. Im Ergebnis ebenso BGHSt 5, 69.

[172] Im übrigen sollte das Merkmal „Verletzter" restriktiv ausgelegt und eine Bekanntmachungsbefugnis jedenfalls nach § 165 nur dann zuerkannt werden, wenn es zur Einleitung eines Verfahrens gegen den Verdächtigten gekommen ist, denn erst durch diese wird er „verletzt" i. S. § 165. Vor der Verfahrenseinleitung kann allenfalls die Ehre des Bezichtigten verletzt sein, und insoweit ist die Bekanntmachungsbefugnis gemäß § 200 hinreichend.

[173] Vgl. hierzu oben, S. 26 ff.

[174] Für dieses sehr alte Argument gegen die Individualrechtsgut-Lehre vgl. die zahlreichen Nachweise bei *Kraus*, Zum Wesen der sog. falschen Anschuldigung, 23 Anm. 3.

2 c. Kritik der Lehre vom Individualrechtsgut

eines bestimmten Schutzobjektes gewertet werden kann[175], spricht also gleichfalls nicht für, sondern gegen die reine Individualgut-Auffassung.

Ein weiterer und nunmehr zwingender Einwand ergibt sich aus der *Tatbestandsstruktur* dieses Delikts. Selbst wenn man eine Individualgefährdung als Begriffsmerkmal des § 164 unterstellen würde, so erfolgte doch diese Rechtsgutsverletzung stets auf dem Wege über die staatliche Behördenorganisation, die durch das ungerechtfertigte Vorgehen gegen den Bezichtigten in ihrer Autorität Schaden nimmt und so zeitlich und sachlich primär verletzt wird. Die falsche Anschuldigung kann sich folglich nicht ausschließlich gegen ein Individualgut richten. — Dieser Erkenntnis entspricht auch die Anwendung des § 164 in der Strafrechtspraxis, die sogar noch einen Schritt weiter geht und eine Gefährdung des Bezichtigten zur Deliktsvollendung nicht verlangt.

Auch die *Gesetzesteleologie* schließlich spricht eindeutig gegen die reine Individualgutlehre: Wenn der falschen Anschuldigung nur ein Gemeinschafts- oder ein Individualrechtsgut zugrunde liegen kann, so muß das erste der Fall sein, weil von allen in Betracht kommenden Individualgütern gerade die bedeutenden (wie z. B. Ehre, Freiheit, Gesundheit usw.) und sie wiederum gerade gegen die gravierenden Angriffe (nämlich gegen schwere Verletzungen) nur durch mildere Strafdrohungen als die des § 164 geschützt sind (vgl. etwa §§ 185 ff., 223, 239, 240), so daß die bloße Gefährdung eines weniger wichtigen Individualgutes — wie auch immer es inhaltlich zu bestimmen wäre — vernünftigerweise nicht unter der schärferen Strafdrohung des § 164 stehen kann. Der zu erwartende Einwand, die Strafdrohungen insgesamt seien eben nicht in jedem Einzelfall ausgewogen, ebensowenig wie die Legalordnung den Anforderungen einer wissenschaftlichen Systematik zu genügen braucht[176], ist nicht stichhaltig; denn hier ist eine sachgerechte Strafbarkeitsregelung vorhanden, die man nicht dadurch in Frage stellen kann, daß man einer dieser Vorschriften ein nicht zu ihr passendes Schutzobjekt unterschiebt. — Unter teleologischem Aspekt spricht ferner gegen die reine Individualgutauffassung, daß dann die relativ unbedeutenden Beeinträchtigungen der Rechtspflege gemäß § 145 d strafbar, die gravierenden Verletzungen hingegen nicht mit Strafe bedroht wären. Diesem offensichtlich widersinnigen Ergebnis könnte man zwar dadurch entgehen, daß man die bisherige Sicht des tatbestandlichen Verhältnisses dieser beiden Strafvorschriften aufgibt und stattdessen in allen Fällen der falschen Anschuldigung gegenüber einer deutschen Behörde Idealkonkurrenz mit dem Delikt des § 145 d

---

[175] Auch diese Relativierung der Argumentation aus der Legalordnung findet sich bereits bei *Kraus*, a.a.O., 23.
[176] Vgl. hierzu *Oehler*, Legalordnung, 1; *Kraus*, Zum Wesen der sog. falschen Anschuldigung, 23.

annimmt; damit aber würde die Subsidiaritätsklausel des § 145 d praktisch leerlaufen, so daß eine reine Individualgutauffassung auch insoweit zum objektivierten Sinn des Gesetzes im Widerspruch stehen würde.

dd) Darf damit die Lehre, die falsche Verdächtigung verletze ausschließlich ein Individualrechtsgut, als widerlegt angesehen werden, so ist mit dieser Kritik andererseits doch noch nichts über die — oben zunächst zurückgestellte[177] — Ansicht ausgesagt, nach der sich dieses Delikt *auch* gegen ein Individualgut richtet; denn alle vorstehend behandelten Argumente beschränken sich auf die reine Individualgutlehre, so daß sie nicht auf die von der Kumulationslehre behauptete (zusätzliche) Individualgutverletzung übertragen werden können. Es bleibt also zu prüfen, ob zur falschen Verdächtigung überhaupt begriffsnotwendig[178] die Verletzung eines Individualrechtsgutes gehört.

Für die Beantwortung dieser Frage ist der *Gesetzeswortlaut* des § 164 völlig unergiebig. Daß der Gesetzestext die Verdächtigung „eines anderen" verlangt, spricht — wie bereits oben gezeigt[179] — eben nur scheinbar für die Individualgutlehre; denn mit diesen Worten kann ebenso eine tiefere Verletzung des Gemeinschaftsrechtsgutes charakterisiert sein wie eine zusätzliche Individualgutverletzung.

Auch das Bemühen, den *„Willen des Gesetzgebers"* zum Schutzobjekt der falschen Anschuldigung zu ermitteln, führt nicht zu einer Klärung. Da die Gesetzesmaterialien hierüber keine eindeutige Aussage enthalten[180], erübrigt sich eine Stellungnahme zu der Frage, welches Gewicht einem solchermaßen geäußerten „Willen des Gesetzgebers" für die Beurteilung der Individualgut-Lehre beizumessen wäre[181].

Die Antwort kann somit nur im Wege *teleologischer* Auslegung[182] des Gesetzes gefunden werden. Erleben wir — vom Ziel einer schuldangemessenen und gerechten Strafbarkeitsregelung her — die Vorschriften über die Irreführung der Rechtspflege insgesamt als vernünf-

---

[177] Vgl. oben, S. 43.
[178] Zur Bedeutung dieses Erfordernisses für die Frage nach dem Schutzobjekt vgl. oben, S. 35.
[179] Vgl. oben, S. 45 ff.
[180] Auf Gesichtspunkte aus den Begründungen der Reformentwürfe, die mittelbar spätere Gesetzesänderungen beeinflußt haben könnten, braucht hier nicht eingegangen zu werden. Vgl. dazu *Simon*, Wesen der falschen Anschuldigung, 46.
[181] Noch *Kraus*, Zum Wesen der sog. falschen Anschuldigung, 23, hatte den „Willen des Gesetzgebers" für die Beantwortung der Frage nach dem Schutzobjekt des § 164 als entscheidend angesehen. — Zum gegenwärtigen Stand des Meinungsstreites zwischen der sog. subjektiven und der sog. objektiven Auslegungstheorie vgl. Überblick und Nachweise bei *Schmidhäuser*, Strafrecht, 5/31, und *Jescheck*, Lehrbuch, 122 f.
[182] Zu der Methode und den Wertprinzipien der teleologischen Auslegung im Strafrecht vgl. im einzelnen *Schmidhäuser*, Strafrecht, 5/32 ff.

2 c. Kritik der Lehre vom Individualrechtsgut

tig, wenn nur solche Verstöße aus § 164 geahndet werden, auf Grund derer dann durch die Rechtspflegeorgane Individualgüter verletzt oder gefährdet worden sind (während in den übrigen Fällen lediglich § 145 d Anwendung findet), oder entspricht es dem Strafwürdigkeitsempfinden eher, unwahre Verdächtigungen bestimmter Personen auch ohne Verletzung von Individualgütern stets aus § 164 zu bestrafen?

Bei oberflächlicher Betrachtung könnte man geneigt sein, die Frage im ersten Sinne zu beantworten: So wie die Individualgutsverletzungen in den §§ 185 ff., 223 ff., 239, 240 usw., so sei der bloße Rechtspflegemißbrauch in § 145 d unter Strafe gestellt, während der Anwendungsbereich des § 164 auf die qualifizierte Kumulation[183] beider Schutzobjektsverletzungen, nämlich auf die Fälle der Individualgutsverletzungen durch Rechtspflegemißbrauch, beschränkt sei, wodurch sich auch die im Vergleich mit jenen Vorschriften wesentlich höhere Strafdrohung erkläre.

Einem solchen Verständnis des § 164 steht freilich die einmütige Auslegung dieses Straftatbestandes durch Lehre und Rechtsprechung entgegen[184], die eine Strafbarkeit wegen falscher Anschuldigung *auch ohne Verletzung von Individualgütern* des Verdächtigten annehmen[185]. Erlangt beispielsweise die Verfolgungsbehörde, noch bevor sie irgendwelche Maßnahmen gegen den Verdächtigten ergriffen hat, mit denen sie dessen Individualgüter hätte verletzen können, Gewißheit darüber, daß die bei ihr bewußt unwahr erstattete Anzeige falsch ist, so hat sich der Anzeigende unstreitig wegen vollendeter falscher Anschuldigung strafbar gemacht. Desgleichen halten Schrifttum und Strafrechtspraxis heute einhellig den § 164 auch dann für anwendbar, wenn der Verdächtigte in die Anzeige eingewilligt hatte und somit durch sie in seinen Individualgütern überhaupt nicht verletzt werden konnte[186]. — Umgekehrt gibt es Individualgutverletzungen durch Rechtspflegemißbrauch, die nicht aus § 164, sondern aus § 145 d geahndet werden, so etwa, wenn die Polizei nach Vortäuschung einer Straftat ohne Verdächtigung einer bestimmten Person einen vermeintlich Beteiligten festnimmt.

Kann somit die falsche Anschuldigung nach dem allgemeinen Verständnis dieser Vorschrift nicht (auch) als Individualgut-Verletzungs-

---

[183] Vgl. hierzu oben, S. 38 f.
[184] Vgl. hierzu beispielhaft *Kraus*, Zum Wesen der sog. falschen Anschuldigung, 24, 44; *Schönke - Schröder*, StGB, § 164 Anm. 35, und *Dreher*, StGB, § 164 Anm. 1 A c bb, jeweils mit Nachweisen aus der Rechtsprechung.
[185] Desgleichen wird auch für den *Vorsatz* der falschen Anschuldigung *nicht* verlangt, daß er das Bewußtsein der potentiellen *Individualgutverletzungen* umfasse. — Die Strafbarkeit gemäß § 164 ist überdies von BGHSt 9, 240 auch für den Fall bejaht worden, daß Individualgutsverletzungen *bei einer anderen Person* eintreten als der, die der Täter mit seiner Verdächtigung verletzen wollte.
[186] Vgl. hierzu oben, S. 28 ff., 30 ff.

delikt begriffen werden, weil eine solche Verletzung zur Tatbestandserfüllung nicht notwendig ist, so ist es immerhin denkbar, daß diese einhellige Auslegung das Strafwürdigkeitsziel des § 164 verfehlt und deshalb eine Änderung des allgemeinen Verständnisses dahingehend angezeigt sein könnte, daß künftig erst der Eintritt einer Individualgutverletzung die Strafbarkeit wegen falscher Anschuldigung begründet. Es bleibt also unter dem Leitaspekt der Strafwürdigkeit zu prüfen, ob man dem Zweck der betreffenden Strafvorschriften gegen die Irreführung der Rechtspflege besser als bisher gerecht wird, wenn man den Eintritt einer Individualgutverletzung als ungeschriebenes Tatbestandsmerkmal des § 164 ansieht mit der Folge, daß alle Formen des Rechtspflegemißbrauchs durch Verdächtigung bestimmter Personen ohne solche Verletzung nur gemäß § 145 d zu ahnden wären.

Eine derartige *Änderung der Auslegung* wäre geboten, wenn sich die der höheren Strafbarkeit des § 164 entsprechende höhere Strafwürdigkeit der Verdächtigung bestimmter Personen nur mit der hinzukommenden Verletzung von Individualgütern erklären ließe. Daß das nicht der Fall ist, ist oben bereits dargetan worden[187]. Andererseits würde sich ein solcher Wechsel der Auslegung verbieten, wenn die Verdächtigung eines bestimmten anderen auch ohne eine hieraus erwachsende Verletzung seiner Individualgüter im Vergleich mit dem bloßen Vortäuschen einer Straftat von so viel höherer Strafwürdigkeit wäre, daß die bisherige Auffassung als sachgerecht und eine Änderung, derzufolge ein Teil dieser gesteigert strafwürdigen Fälle nur aus § 145 d geahndet werden könnte, als verfehlt bezeichnet werden müßte.

Fragt man also zunächst, ob die falsche Verdächtigung einer bestimmten Person *ohne Rücksicht auf mögliche Individualgutverletzungen strafwürdiger* ist als eine ohne Individualverdächtigung begangene Irreführung von Rechtspflegeorganen[188], dann zeigt sich sogleich, daß ein solcher gesteigerter Strafwürdigkeitsgehalt hier nur auf einer intensiveren Verletzung des Gemeinschaftsrechtsgutes beruhen kann. Eine Änderung des bisherigen Verständnisses der falschen Anschuldigung hin zu einem Individualgüter-Verletzungsdelikt wäre also dann sachwidrig, wenn gerade die Rechtspflege durch die Verdächtigung einer bestimm-

---

[187] Vgl. oben, S. 45 ff.
[188] Daß die Bezichtigung einer bestimmten Person die Verletzungsart der falschen Anschuldigung in ihrem Unterschied zu den später im § 145 d vertatbestandlichten Verhaltensweisen charakterisiert, hatte man in den Reformentwürfen seit 1913 klar erfaßt. Erst nach 1933 ging man zu der heutigen Fassung des § 145 d wohl deswegen über, weil man die Selbstbezichtigung einerseits nicht straflos lassen wollte und sie andererseits wegen möglicher „Selbstreinigungsanzeigen" (die man richtiger nach Notstandsregeln behandelt hätte) auch nicht unter § 164 fallen lassen wollte. — Vgl. hierzu im einzelnen *Simon*, Das Wesen der falschen Anschuldigung, 47 f.

2 c. Kritik der Lehre vom Individualrechtsgut

ten Person tiefer verletzt würde als durch die bloße Irreleitung ohne eine derartige Individualverdächtigung.

Zwar wird nun eine solche tiefergehende Verletzung der Rechtspflege von zahlreichen Autoren jeweils stillschweigend der eigenen Auffassung zugrunde gelegt, aber — soweit ersichtlich — ist diese These noch nie ausdrücklich vertreten, präzisiert und begründet worden[189]. Die formelhafte Wendung, durch die Individualverdächtigung werde (zusätzlich zur überflüssigen Mehrarbeit der Behörden) die staatliche Autorität gefährdet[190], vermag nicht die spezifische Unrechtsdifferenz treffend zu umschreiben, um die es hier geht. So kann es dahingestellt bleiben, ob die Strafverfolgungsorgane überhaupt jemals eine Autoritätseinbuße dadurch erleiden können, daß sie einer (falschen) Verdächtigung pflichtgemäß nachgehen, oder ob nicht vielmehr ein solches Verhalten gerade der allgemeinen Erwartung entspricht[191]. Stattdessen ist hier unmittelbar zu untersuchen, ob und ggf. wie die Rechtspflege durch eine Individualverdächtigung tiefer verletzt wird als durch das bloße Vortäuschen einer Straftat.

Die Antwort findet man unschwer, wenn man sich zunächst nochmals die Aufgaben der Strafrechtspflege im Rahmen des staatlichen Gemeinwesens bewußt macht. Alles staatliche Strafen dient der Verbrechensbekämpfung[192], und deren Zweck wiederum ist „die Aufrechterhaltung eines einigermaßen gedeihlichen Gemeinschaftslebens"[193]; und nur unter diesem Aspekt kann das Strafen auch als sinnvoll, d. h. auf die Verwirklichung eines sittlichen Wertes gerichtet, erlebt werden[194]. „Diese Aufgaben kann die staatliche Strafe aber nur erfüllen, wenn sie nach Voraussetzungen und Inhalt rechtlich gebunden ist[195]." Zu diesen Schranken für die staatliche Strafgewalt gehört vor allem das Schuld-

---

[189] Im Ansatz findet sich diese These freilich schon bei *Kraus*, Zum Wesen der sog. falschen Anschuldigung, 26: Für den Staat seien Anzeigen, „die sich gegen eine bestimmte Person richten, ungleich gefährlicher, *und zwar um seiner selbst willen*, wie diejenigen Anzeigen, die ihn in Tätigkeit setzen, ohne ihn der Gefahr auszusetzen, von vornherein ungerechtfertigte Maßnahmen gegen einen Unschuldigen zu treffen". — Vgl. auch *Köhler*, GS Bd. 111, 298 f.
[190] *Schröder*, NJW 1965, 1889.
[191] Die Rechtmäßigkeit des behördlichen Handelns auch in diesen Fällen ändert nichts an der Tatsache, daß die Rechtspflege ihrerseits durch die falsche Verdächtigung verletzt wird, ebenso wie beispielsweise ein Tatmittler im Nötigungsnotstand gerechtfertigt handeln kann und zugleich selbst durch die Nötigung verletzt wird.
[192] *Schmidhäuser*, Strafrecht, 3/15; *Jescheck*, Lehrbuch, 3 ff.
[193] *Schmidhäuser*, Einführung, 48; ähnlich auch *Welzel*, Strafrecht, 239; *Jescheck*, Lehrbuch, 1; *Baumann*, Strafrecht, 12; *Lackner - Maassen*, StGB, § 13 Anm. 2.
[194] *Schmidhäuser*, Strafrecht, 3/19.
[195] *Schmidhäuser*, Einführung, 49; ähnlich auch *Lackner - Maassen*, StGB, § 13 Anm. 2.

prinzip[196], demzufolge nur schuldhaftes Fehlverhalten Gegenstand der Strafverfolgung sein darf. Werden nun die Strafverfolgungsorgane im Wege der Täuschung gezielt gegen einen Unschuldigen gelenkt, so ist das die tiefste Pervertierung, die die staatliche Verfolgungstätigkeit überhaupt erfahren kann. Der Zweck der Strafrechtspflege, das gedeihliche Zusammenleben im Gemeinwesen zu ermöglichen (und das heißt, die Rechtsgemeinschaft und ihre rechtstreuen Glieder vor unerträglichen Übergriffen ihrer Gegner zu bewahren), ein Zweck, der nur zu erreichen ist durch größte Zurückhaltung sogar gegenüber dem Rechtsbrecher, kann nicht gründlicher verfehlt werden als durch das gerade von einem Rechtsbrecher vorgenommene Hinleiten des Verfolgungsinteresses auf einen Unschuldigen. Hält die durch das bloße Vortäuschen einer Straftat veranlaßte überflüssige Mehrarbeit nur von der sachgerechten Erfüllung der eigentlichen Verfolgungsaufgaben ab, so wird bei der falschen Verdächtigung einer bestimmten Person die Rechtspflege in ihrem funktionalen Wesensgehalt angegriffen und gerade durch diese intensivere Verletzung der Rechtspflege die höhere Strafwürdigkeit der falschen Anschuldigung begründet.

Liegt somit in der falschen Verdächtigung einer bestimmten Person stets eine tiefergreifende Verletzung des Gemeinschaftsrechtsgutes als in der bloßen Irreleitung von Rechtspflegeorganen, ist folglich die insoweit einmütige Auslegung des § 164 durch Schrifttum und Praxis, die sich mit dem Rechtspflegemißbrauch durch Individualverdächtigung begnügen[197], sinnvoll und eine Änderung des bisherigen Verständnisses der falschen Anschuldigung hin zu einem Individualgüter-Verletzungsdelikt daher nicht geboten, so ist andererseits hiermit noch nicht zwingend dargetan, daß eine solche Änderung nicht wenigstens möglich wäre. Eine solche Möglichkeit wäre dann zu bejahen, wenn jene gravierendere Verletzung der Rechtspflege notwendig von einer Individualgutverletzung begleitet wäre. Es bleibt also zu zeigen, daß die von der einhelligen Auslegung des § 164 behauptete erhöhte Strafwürdigkeit der Verdächtigung einer bestimmten Person auch in den Fällen besteht, in denen es *eindeutig* an einer *Individualgutverletzung fehlt*.

Zu der vom Täter intendierten Individualgutverletzung braucht es einmal deswegen nicht zu kommen, weil die Behörde *vor der Einleitung von Maßnahmen* gegen den Bezichtigten die Unwahrheit der aufgestellten Behauptungen erkennt[198]. Auch hier ist der Angriff auf die Rechtspflege mit der unwahren Mitteilung an ihre Organe geführt, und zwar in der schwererwiegenden Form der beabsichtigten Pervertierung ihrer

---

[196] *Schmidhäuser*, Strafrecht, 5/35; *Welzel*, Strafrecht, 238; *Lackner - Maassen*, StGB, § 13 Anm. 2; *Jescheck*, Lehrbuch, 14 (mit zahlreichen Nachweisen a.a.O., Anm. 4).
[197] Vgl. oben, S. 51.
[198] Vgl. oben, S. 51.

2 c. Kritik der Lehre vom Individualrechtsgut

Funktion. Sieht man darin mit der hier entwickelten Auffassung den grundlegenden Strafwürdigkeitsunterschied zwischen der Verdächtigung einer bestimmten Person und der bloßen Irreleitung der Verfolgungstätigkeit, dann ist dieser gesteigerte Unwert eben schon vor dem Eintritt der vom Täter letztlich intendierten Individualgutverletzungen verwirklicht. Wollte man in einem solchen Fall das Delikt der falschen Anschuldigung nicht als erfüllt ansehen, so würde jene als grundlegend erkannte Strafwürdigkeitsdifferenz völlig unberücksichtigt bleiben; denn da der Versuch der falschen Anschuldigung nicht strafbar ist, könnten solche Verdächtigungen bestimmter Personen dann auch nur noch als Straftatvortäuschung gemäß § 145 d geahndet werden. Eine Änderung der insoweit einmütigen Auslegung des § 164 durch Schrifttum und Rechtsprechung[199] dahingehend, daß erst der Eintritt einer Individualgutverletzung die Strafbarkeit wegen falscher Anschuldigung begründet, wäre deshalb sachwidrig.

Schwieriger stellt sich das Problem bei der zweiten Fallgruppe fehlender Individualgutverletzung, nämlich bei *Einwilligung des Verdächtigten* in die Anzeige. Daß es hier an einer die Strafwürdigkeit der Verdächtigung beeinflussenden Individualgutverletzung mangelt, ist unmittelbar einsichtig: Versteht man mit der zu Recht vordringenden Auffassung die Einwilligung als ein Geschehen, das schon die Unrechtsbegründung verhindert[200], dann fehlt es bereits an der Rechtsgutsverletzung; begreift man die Einwilligung hingegen als Rechtfertigungsgrund[201], dann kann die gerechtfertigte Gutsverletzung wenigstens keinen Strafwürdigkeitsgehalt begründen. Wenn gleichwohl Rechtsprechung und Schrifttum gegenwärtig einhellig den Verdächtigenden trotz der Einwilligung aus § 164 (und nicht nur aus § 145 d) für strafbar erklären[202], dann kommt es hiernach für die falsche Anschuldigung auf eine Individualgutverletzung eben auch insoweit nicht an. Ob diese Qualifizierung jedoch so unproblematisch ist, wie sie gemeinhin vorgenommen wird, erscheint zumindest als zweifelhaft. Denn der in die Verdächtigung seiner Person Einwilligende wirkt an der Irreführung der Rechtspflege selbst mit; die Verfolgungstätigkeit wird also nicht auf einen völlig Unschuldigen hingeleitet, die Funktion der Justiz nicht gleichermaßen pervertiert und damit die Rechtspflege nicht so tief verletzt wie durch die Verdächtigung eines Unbeteiligten[203]. Insofern ist hier folglich das Gemeinschaftsrechtsgut weniger intensiv beeinträchtigt, und es stellt sich die Frage, ob wegen dieses geringeren Unrechtsgehaltes bei Einwilligung des Verdächtigten nur § 145 d angewandt werden

---

[199] Vgl. hierzu oben, S. 51 Anm. 184.
[200] Vgl. *Schmidhäuser*, Strafrecht, 8/130 ff., mit Nachweisen.
[201] Vgl. beispielhaft *Maurach*, Allg. Teil, 338 ff.
[202] Vgl. hierzu oben, S. 28 ff., 30 ff.
[203] Vgl. hierzu oben, S. 53 f.

und auf diese Weise die Strafbarkeit wegen falscher Anschuldigung gemäß § 164 auf solche Verdächtigungen beschränkt werden könnte und sollte, durch die Individualgüter verletzt worden sind.

Es kann dahingestellt bleiben, ob ein derartiger Wandel im Verständnis des § 164 hin zu einem Individualgüter-Verletzungsdelikt überhaupt noch möglich ist, nachdem vorstehend bereits eine Fallgruppe der falschen Anschuldigung aufgewiesen wurde, bei der es eindeutig an einer Individualgutverletzung fehlt[204]; denn die hier aufgeworfene Frage ist schon aus einem anderen Grunde eindeutig zu verneinen. Freilich wird man eine solche überzeugende Begründung dafür, daß der Verdächtigende auch bei Einwilligung des Bezichtigten aus § 164 (und nicht nur aus § 145 d) zu bestrafen ist, im Schrifttum vergebens suchen, und auch die Rechtsprechung beschränkt sich auf bloße Behauptungen. So führt das *OLG Düsseldorf* hierzu aus: „Es handelt sich bei der falschen Anschuldigung selbst bei Einwilligung des Verdächtigten um ein wesensverschiedenes Delikt gegenüber der Bestimmung des § 145 d StGB. Diese greift nur dann Platz, wenn der Täter einer Behörde die Begehung einer Straftat vortäuscht, *ohne eine bestimmte Person zu verdächtigen*, während § 164 StGB voraussetzt, *daß eine bestimmte Person fälschlich als Täter angegeben wird*. Der hierin liegende höhere Unrechtsgehalt rechtfertigt auch die schwerere Strafandrohung[205]." Und der *Bundesgerichtshof* bemerkt lapidar, die Einwilligung des Verdächtigten „wird den insoweit in Betracht kommenden Unrechtsgehalt der Tat, nämlich die Irreführung der Behörden, im allgemeinen sogar noch steigern"[206]. So richtig es ist, daß die spezifische Differenz zwischen der falschen Anschuldigung und der Straftatvortäuschung in der Verdächtigung einer bestimmten Person gesehen wird, so ungeklärt bleibt andererseits, worin denn „der hierin liegende höhere Unrechtsgehalt", der im Falle der Einwilligung nur in einer intensiveren Verletzung des Gemeinschaftsrechtsgutes bestehen kann, eigentlich begründet sein soll. Denn wie bereits gezeigt[207], verletzt jedenfalls unter dem Aspekt der Pervertierung der Justiz die Verdächtigung eines Einwilligenden die Rechtspflege weniger tief als jede sonstige Verdächtigung eines Dritten.

Gleichwohl ist das im neueren Schrifttum und in der Rechtsprechung unstreitige Ergebnis, den Denunzianten auch bei Einwilligung des Verdächtigten aus § 164 zu bestrafen, richtig. Zwar wird in diesem Fall

---

[204] Vgl. hierzu oben, S. 54 f.
[205] OLG Düsseldorf, NJW 1962, 1264 (Hervorhebung vom Verfasser); nur scheinbar abweichend OLG Hamm, NJW 1956, 1530, und OLG Celle, NJW 1961, 1416, die lediglich feststellen, daß eine falsche Anschuldigung stets auch den Tatbestand des § 145 d erfüllt.
[206] BGHSt 5, 68.
[207] Vgl. hierzu oben, S. 55 f.

2 c. Kritik der Lehre vom Individualrechtsgut

unter dem soeben erörterten Gesichtspunkt das Schutzobjekt vergleichsweise leichter verletzt; andererseits *erhöht sich hier* aber *die Gefahr* für die Rechtspflege dadurch erheblich, daß mit der Einwilligung des Verdächtigten sein natürliches Bestreben entfällt, an der Aufklärung des falschen Verdachts mitzuarbeiten und so der Irreführung der Verfolgungsorgane entgegenzuwirken. Tritt an die Stelle des normalerweise vorhandenen Aufklärungsinteresses des Verdächtigten eine zumindest latente Verdunkelungsbereitschaft, so wird die Wahrscheinlichkeit einer erfolgreichen Irreleitung der Justiz entschieden größer. Diese zusätzliche Gefährdung der Rechtspflege kompensiert das unter dem Aspekt der „Pervertierung" geringere Unrecht der Verdächtigung eines Einwilligenden, so daß es mit Rücksicht auf den gleichen Strafwürdigkeitsgehalt allein sachgerecht ist, den Denunzianten auch in diesem Fall wegen falscher Anschuldigung gemäß § 164 zur Rechenschaft zu ziehen.

Zusammenfassend ist also festzuhalten, daß die *falsche Verdächtigung einer bestimmten Person* stets eine *intensivere Verletzung der Rechtspflege* enthält als das bloße Vortäuschen einer Straftat ohne Individualverdächtigung und deshalb zu Recht derzeit einmütig in allen Fällen aus der schwereren Strafdrohung des § 164 (und nicht nur aus der zwar dasselbe Schutzobjekt, aber eine weniger gravierende Verletzungsart betreffenden Strafvorschrift des § 145 d) geahndet wird[208]. *Jede Änderung* der allgemeinen Auslegung des § 164 dahingehend, daß *erst eine Individualgutverletzung* die Strafbarkeit wegen falscher Anschuldigung begründet, *würde folglich den Strafwürdigkeitsgehalt* des Rechtspflegemißbrauches durch Individualverdächtigung *verfehlen* und verbietet sich damit von selbst[209].

Abschließend bleibt zu prüfen, ob § 164 im Wege teleologischer Auslegung des Gesetzes wenn schon nicht als Individualgüter-Verletzungsdelikt, so doch wenigstens als *Individualgüter-Gefährdungsdelikt* verstanden werden kann. Trifft es zu, wenn der *Bundesgerichtshof* in einer Entscheidung behauptet, das allgemein empfundene Strafbedürfnis gegenüber dem Denunzianten gründe sich nicht zuletzt „darauf, daß ungerechtes, unverdientes Leid *oder doch Gefahr* über den fälschlich angeschuldigten Menschen gebracht wird"[210]?

---

[208] Nur scheinbar eine Ausnahme bildet insoweit die falsche Selbstbezichtigung; vgl. hierzu oben, S. 46 und S. 52 Anm. 188. — Zu ihrer richtigen Einordnung de lege ferenda siehe unten, S. 67 f.

[209] Auch in der Großen Strafrechtskommission ist eine solche Änderung von keinem Mitglied vorgeschlagen worden. Man war sich vielmehr darüber einig, daß die spezifische Differenz zwischen der falschen Verdächtigung und dem Vortäuschen einer Straftat in der Verdächtigung eines bestimmten Dritten besteht. Vgl. hierzu etwa *Schäfer*, Niederschriften Bd. 13, 194; *Bockelmann*, Niederschriften Bd. 13, 194; *Dünnebier*, Niederschriften Bd. 13, 195; *Lackner*, Niederschriften Bd. 13, 197; *Welzel*, Niederschriften Bd. 13, 197. — Zur geschichtlichen Entwicklung vgl. oben, S. 52 Anm. 188.

[210] BGH NJW 1952, 1385 (Hervorhebung vom Verfasser).

Denkbar wäre zunächst, daß hiermit eine durch den Rechtspflegemißbrauch bewirkte *konkrete Individualgefährdung* zum Begriffsmerkmal der falschen Anschuldigung gemacht wird. In diesem Sinne freilich ist die Straftat des § 164 bisher von niemandem verstanden worden[211].

Auch eine *Änderung des überkommenen Verständnisses* der falschen Verdächtigung hin zu einem konkreten Gefährdungsdelikt in bezug auf die Individualgüter des Bezichtigten ist *nicht möglich.* Sie verbietet sich aus denselben Gründen, die bereits einer Charakterisierung dieses Vergehens als Individualgüter-Verletzungsdelikt entgegenstanden[212]. Wird die Falschheit der Anzeige noch vor der Einleitung behördlicher Maßnahmen entdeckt oder willigt der Bezichtigte in die Erstattung der unwahren Anzeige ein, dann fehlt es eben an einer konkreten Gefährdung seiner Individualgüter, und trotzdem ist — wie bereits gezeigt — nur die (derzeit allgemeiner Beurteilung entsprechende) Ahndung solcher Verdächtigungen gemäß § 164 sachgerecht.

Denkbar wäre schließlich, daß die falsche Anschuldigung sich (als Rechtspflegeverletzung und zugleich) als *abstraktes Gefährdungsdelikt* hinsichtlich der Individualgüter des Verdächtigten begreifen ließe. Nun ist allerdings in jüngster Zeit der Begriff des „abstrakten Gefährdungsdelikts" in seiner überlieferten Bedeutung fragwürdig geworden, so daß zunächst geklärt werden muß, was hierunter verstanden werden soll.

Herkömmlich werden die abstrakten Gefährdungsdelikte definiert als Straftaten, „bei denen der Tatbestand im Einzelfall keine Feststellung darüber fordert, daß es zu einer Gefährdung von Rechtsgütern tatsächlich gekommen ist, sondern sich mit der Beschreibung eines Verhaltens begnügt, das nach der Überzeugung des Gesetzgebers als generell gefährlich anzusehen ist"[213]. Im Schrifttum hat sich inzwischen weitgehend die Einsicht durchgesetzt, daß eine Bestrafung wegen des einer solchen Tatbeschreibung entsprechenden Verhaltens dann verfehlt sein kann, wenn feststeht, daß hierdurch für das betroffene Rechtsgutsobjekt keine konkrete Gefahr begründet worden ist[214]. Andererseits wird man die Existenzberechtigung abstrakter Gefährdungstatbestände anerkennen müssen, soweit wichtige Güter hochgradig gefährdet werden, eine konkrete Gefahr im Regelfall aber nicht nachweisbar ist und

---

[211] Schon *Kraus*, Zum Wesen der sog. falschen Anschuldigung, 44, hatte festgestellt, daß eine konkrete Gefährdung von Individualgütern zur Erfüllung dieses Delikts nicht erforderlich ist.
[212] Vgl. hierzu oben, S. 50 ff.
[213] *Schröder*, ZStW Bd. 81, 14; ähnlich *Schmidhäuser*, Strafrecht, 8/51; *Jescheck*, Lehrbuch, 198.
[214] Vgl. *Schmidhäuser*, Strafrecht, 8/51, mit zahlreichen Nachweisen; differenzierend *Schröder*, ZStW Bd. 81, 15 ff.; unentschieden *Jescheck*, Lehrbuch, 198 f.

2 c. Kritik der Lehre vom Individualrechtsgut

deshalb die gebotene Vorverlegung des Strafschutzes nur im Wege generalisierender Beschreibung des gefährlichen Verhaltens erfolgen kann. Die Grenze wird man hier so zu ziehen haben, „daß der Gegenbeweis der Ungefährlichkeit immer dann zulässig sein muß, wenn der Tatbestand dem Schutz bestimmter konkretisierter Objekte dient, bei denen im Einzelfall mit Sicherheit festgestellt werden kann, ob sie tatsächlich in Gefahr gebracht worden sind. In den Fällen dagegen, in denen das Gefährdungsdelikt sich gegen die Allgemeinheit oder gegen im Zeitpunkt der Tat noch nicht feststehende oder feststellbare Objekte richtet, wird man das gesetzgeberische Gefährlichkeitsurteil hinnehmen müssen"[215].

Man darf freilich nicht übersehen, daß mit dieser Neuabgrenzung die *überkommene Begriffsbestimmung der* „abstrakten Gefährdungsdelikte" *aufgegeben* ist. Es kann hier dahingestellt bleiben, wie jene Straftaten, bei denen der „Gegenbeweis der Ungefährlichkeit" zulässig ist, künftig dogmatisch einzuordnen sein werden — dem Begriff des abstrakten Gefährdungsdelikts unterfallen sie eindeutig nicht mehr. Da der Tatbestand des § 164 die Verdächtigung einer bestimmten Person voraussetzt, von der stets „im Einzelfall mit Sicherheit festgestellt werden kann, ob sie tatsächlich in Gefahr gebracht worden" ist, ist schon aus diesem Grund die falsche Anschuldigung nicht als abstraktes Individualgüter-Gefährdungsdelikt qualifizierbar.

Aber *auch dann, wenn man mit der überlieferten Begriffsbestimmung* das abstrakte Gefährdungsdelikt als ein nach Auffassung des Gesetzgebers für gewisse, besonders wertvolle Rechtsgüter generell gefährliches Verhalten versteht, das eine Vorverlegung des Strafschutzes erfordert, *ist das Ergebnis kein anderes.*

Einmal läßt sich den Gesetzesmaterialien schon nicht eine solche Überzeugung des Gesetzgebers entnehmen, daß die falsche Anschuldigung wegen der generell mit ihr verbundenen Individualgefährdung insoweit als abstraktes Gefährdungsdelikt habe vertatbestandlicht werden müssen[216].

Zum anderen erfordert das abstrakte Gefährdungsdelikt auch nach herkömmlicher Definition ein eindeutig bestimmtes Schutzobjekt, um dessentwillen die betreffende Strafvorschrift erlassen worden ist; bei der falschen Anschuldigung hingegen ist das angeblich abstrakt gefährdete Individualrechtsgut überhaupt nicht bestimmbar: Wie bereits an anderer Stelle gezeigt[217], kann systematisch fruchtbar immer nur eine solche Charakterisierung eines Rechtsgutes[218] sein, die es in seiner un-

---
[215] So treffend *Schröder*, ZStW Bd. 81, 17.
[216] Vgl. hierzu auch oben, S. 24 Anm. 50 und S. 50 Anm. 180.
[217] *Langer*, Sonderverbrechen, 290 f.; ähnlich schon *Maurach*, Allg. Teil, 215.
[218] Zu den Merkmalen des Rechtsgutsbegriffs vgl. im einzelnen *Langer*, Sonderverbrechen, 287 ff.

verwechselbaren Eigenart von den übrigen Rechtsgütern abhebt und dabei eine übertriebene Konkretisierung ebenso wie eine zu weit gehende Abstraktion vermeidet. Rechtsgüter sind also weder die „Individualsphäre" in ihrer Gesamtheit noch diejenigen Spaltprodukte eines wirklichen Schutzobjektes, die aus der Einbeziehung der tatbestandlichen Verletzungsarten in den Rechtsgutsbegriff entstehen. Bleibt man sich dessen bewußt, dann scheidet „der Bezichtigte" (mit der Gesamtheit seiner Individualgüter) als potentielles Schutzobjekt eines abstrakten Gefährdungsdelikts der falschen Anschuldigung — weil damit nur die Schutzrichtung angegeben wäre[219] — von vornherein ebenso aus wie die „Freiheit von ungerechtfertigten Maßnahmen"[220], die lediglich eine Negation der tatbestandlichen Verletzungsart des § 164 darstellt. Das durch die falsche Verdächtigung angeblich gefährdete Individualgut müßte also zwischen diesen beiden Extremen liegen und sich zudem inhaltlich benennen lassen. Ehre, Freiheit der Willensbetätigung und der Ortsveränderung, Gesundheit, körperliche Integrität, Eigentum, kurz: alle Individualrechtsgüter, die diesen Anforderungen genügen und durch Verletzungsstrafdrohungen geschützt sind, kommen hierfür nicht in Betracht, weil — wie bereits gezeigt[221] — die betreffenden Verletzungsdelikte ausnahmslos weniger schwer bestraft werden als das potentielle Gefährdungsdelikt des § 164. Nun sind jedoch nicht alle aus einer falschen Verdächtigung möglicherweise erwachsenden Beeinträchtigungen selbständig vertatbestandlicht, so daß weiter zu fragen ist, ob nicht wenigstens sonst nicht geschützte Individualinteressen — wie etwa das Interesse des einzelnen, nicht zum Objekt kriminalpolizeilicher Beobachtungen zu werden — als durch dieses Delikt abstrakt gefährdete Individualrechtsgüter verstanden werden können[222]. Hier aber zeigt sich sogleich, daß es nicht möglich ist, das potentielle Schutzobjekt zu benennen. Der Einwand, die gleichen Schwierigkeiten bestünden auch bei anderen Strafvorschriften, wie z. B. bei der Verfolgung Unschuldiger (§ 344), vermag schon deswegen nicht zu überzeugen, weil die Verfolgung Unschuldiger ein Spezialfall der Rechtsbeugung (§ 336) ist[223], sich ausschließlich gegen die Rechtspflege richtet[224] und ihr daher eine Individualgefährdung nicht wesentlich ist, ebensowenig wie eine Einwilligung des Unschuldigen in seine Verfolgung die Strafbarkeit des

---

[219] Vgl. hierzu oben, S. 44.
[220] *Schröder*, NJW 1965, 1890; LK *(Herdegen)*, § 164 Anm. 4.
[221] Vgl. oben, S. 49.
[222] Diese Frage wie auch dieses und das folgende Beispiel verdanke ich einer Anregung von Herrn Professor *Maiwald*.
[223] So zu Recht *Frank*, StGB, § 336 Anm. IV; *Schönke - Schröder*, StGB, § 344 Anm. 1; *Dreher*, StGB, § 344 Anm. 1; *Lackner - Maassen*, StGB, § 336 Anm. 7; teilw. abw. *Maurach*, Bes. Teil, 760.
[224] *Welzel*, Strafrecht, 547 i. v. 544.

2 c. Kritik der Lehre vom Individualrechtsgut

Täters ausschließt[225]. Die Unmöglichkeit der Benennung beruht hier vielmehr darauf, daß der angeblich gefährdete Individualbereich im Subtraktionsverfahren — nämlich durch Abzug der selbständig vertatbestandlichten Individualgutverletzungen — ermittelt worden ist und deshalb nicht die für den Rechtsgutsbegriff notwendige inhaltliche Homogenität aufweist.

Aber auch bei methodisch richtigem Vorgehen läßt sich kein durch die falsche Anschuldigung abstrakt gefährdetes Individualrechtsgut auffinden. In Betracht kommen könnte hier allenfalls eine drohende Beeinträchtigung der persönlichen Freiheit, und auch die beispielhaft angeführte Gefahr, zum Objekt kriminalpolizeilicher Beobachtung zu werden, ließe sich als eine solche Freiheitsbeeinträchtigung verstehen. Nun ist aber der Terminus „Freiheit" mehrdeutig, und diese Unbestimmtheit wird auch im Rahmen der Rechtsgutslehre relevant. Gemeint sein kann einmal — positiv — die *Freiheit zu* einem Verhalten, wie etwa die Freiheit der Selbstbestimmung (in den Formen der Willensentschließungs- und der Willensbetätigungsfreiheit), die in Art. 2 Abs. 1 GG grundrechtlich gewährleistet ist[226], oder die räumliche Bewegungsfreiheit, die durch Art. 2 Abs. 2 S. 2 GG garantiert ist[227]. Diese Freiheitsrechte weisen die oben[228] angeführten Begriffsmerkmale eines Rechtsgutes auf und konnten deshalb den Strafvorschriften gegen die Nötigung (§ 240) bzw. gegen die Freiheitsberaubung (§ 239) als Schutzobjekte zugrunde gelegt werden. Gemeint sein kann aber auch — negativ — die *Freiheit von* Beeinträchtigungen, wie beispielsweise die in Art. 2 Abs. 2 S. 1 GG als Recht auf körperliche Unversehrtheit gewährleistete „Freiheit vor Unfruchtbarmachung", „Freiheit vor Verletzungen der körperlichen Gesundheit", „Freiheit vor Schmerzen" und „Freiheit vor Verunstaltungen"[229]. Es liegt auf der Hand, daß der in diesem

---

[225] *Maurach*, Bes. Teil, 741; *Welzel*, Strafrecht, 546; LK (*Mösl*), § 344 Anm. 7.
[226] *Maunz - Dürig - Herzog*, Grundgesetz, Art. 2 Abs. 1 Randnr. 34. — Es sei hier ausdrücklich vermerkt, daß gerade die durch Art. 2 Abs. 1 GG geschützte Freiheit der Persönlichkeitsentfaltung als das generelle Freiheitsgrundrecht besondere Probleme aufwirft. Einerseits ist diese umfassende Freiheitsgarantie zu unbestimmt, als daß sie den oben angeführten Merkmalen des Rechtsgutsbegriffs genügte. Kann folglich die Entfaltungsfreiheit als solche nicht Schutzobjekt eines Straftatbestandes sein, so bringt sie doch andererseits im Verlauf der geschichtlichen Entwicklung immer neue Teilfreiheiten mit Rechtsgutscharakter aus sich hervor. In dieser Weise hat sich etwa die „Vertraulichkeit des Wortes" aus der Entfaltungsfreiheit der Persönlichkeit heraus in den letzten Jahren zu einem selbständigen Rechtsgut entwickelt und ist gegen bestimmte Verletzungen durch die neue Vorschrift des § 298 unter Strafschutz gestellt worden. Eine entsprechende Verselbständigung eines Rechtsgutes, das durch die falsche Anschuldigung gemäß § 164 abstrakt gefährdet werden könnte, ist derzeit jedoch nicht zu erkennen.
[227] *Maunz - Dürig - Herzog*, Grundgesetz, Art. 2 Abs. 2 Randnr. 49, 50.
[228] Vgl. oben, S. 59 f.
[229] *Maunz - Dürig - Herzog*, Grundgesetz, Art. 2 Abs. 2 Randnr. 30.

Sinne gebrauchte Ausdruck „Freiheit" nicht selbst ein Rechtsgut charakterisiert, sondern nur bezüglich anderer, als existent vorausgesetzter Rechtsgüter eine Beeinträchtigung verneint, und zwar in der Regel durch die Negation der typischen Verletzungsarten der betroffenen Schutzobjekte. Dementsprechend kann auch die „Freiheit von kriminalpolizeilicher Beobachtung" ebenso wie jede andere „Freiheit von Maßnahmen irregeleiteter Behörden" nicht (abstrakt gefährdetes Individual-)Rechtsgut der falschen Anschuldigung sein, weil — ganz abgesehen davon, daß der Tatbestand des § 164 derartige Maßnahmen nicht verlangt, sondern nur eine diesbezügliche Absicht des Täters fordert — „Freiheit von behördlichen Maßnahmen" eben nur besagt, daß den wirklichen Individualrechtsgütern wie Ehre, Vermögen, Selbstbestimmungs- und körperliche Bewegungsfreiheit usw. keine Beeinträchtigung durch staatliche Eingriffe droht.

Bleibt somit die Suche nach einem durch die Falschverdächtigung abstrakt gefährdeten Individualrechtsgut, das nicht schon durch eine mildere Verletzungsstrafdrohung geschützt wäre, zwangsläufig ohne Erfolg, so ist andererseits eine derartige Einordnung des § 164 auch deshalb unmöglich, weil es — wie die selbst für den Fall der Einwilligung des Bezichtigten in Schrifttum und Rechtsprechung einhellig bejahte Strafbarkeit wegen falscher Anschuldigung zeigt — nach allgemeiner Strafwürdigkeitsauffassung bei diesem Vergehen auf eine *generelle Individualgutgefährdung* überhaupt *nicht* ankommt. Zwar braucht nach der überlieferten Definition des abstrakten Gefährdungsdelikts nicht in jedem Einzelfall in der konkreten Tatsituation eine reale Gefährdung des betroffenen Verletzungsobjekts tatsächlich eingetreten zu sein; wenn sich jedoch für bestimmte Fallgruppen eine Individualgutgefährdung *von vornherein* mit Sicherheit ausschließen läßt, dann kann eine solche Straftat auch nach der herkömmlichen Definition nicht als abstraktes Individualgüter-Gefährdungsdelikt charakterisiert werden. Dieser Konsequenz kann man auch nicht dadurch entgehen, daß man — in Abkehr von der gegenwärtig im Ergebnis unumstrittenen Ansicht — bei Einwilligung des Verdächtigten die Strafwürdigkeit der falschen Anschuldigung gemäß § 164 verneint und eine solche Falschbezichtigung lediglich als Vortäuschung einer Straftat nach § 145 d für strafbar erklärt[230]. Denn unter dem Aspekt der „abstrakten Individualgutgefährdung" kann man jene beiden Vorschriften schwerlich verschieden behandeln, da auch infolge der bloßen Vortäuschung einer Straftat häufig gegen bestimmte Personen ermittelt wird und dabei der Kreis der potentiell in ihren Gütern gefährdeten Individuen oft größer

---

[230] Auch diese Anregung verdanke ich Herrn Professor *Maiwald*, der einem solchen neuen Verständnis des Verhältnisses von § 164 und § 145 d zuneigt.

2 c. Kritik der Lehre vom Individualrechtsgut

ist als bei einer falschen Anschuldigung. Läßt man also bei Einwilligung des Verdächtigten die Strafbarkeit aus § 164 entfallen, so müßte man konsequenterweise auch auf eine Ahndung aus § 145 d verzichten, weil sich die Ermittlungstätigkeit hier nur gegen den Einwilligenden richtet und es damit an der von dieser Auffassung folgerichtig auch für § 145 d zu fordernden Individualgefährdung fehlt. Eine solche völlige Straflosigkeit der falschen Verdächtigung bei Einwilligung des Bezichtigten ist aber offensichtlich sachwidrig, und somit ist auch dieser Weg, die Strafbarkeit gemäß § 164 auf die wirklichen Fälle abstrakter Individualgutgefährdung zu beschränken und so die falsche Anschuldigung doch noch als Individualgüter-Gefährdungsdelikt zu erweisen, nicht gangbar.

Schließlich verbietet es sich auch deswegen, die falsche Anschuldigung als Rechtspflege- und zugleich als abstraktes Gefährdungsdelikt in bezug auf die Individualgüter des Bezichtigten zu begreifen, weil eine solche Änderung des überkommenen Verständnisses dieses Vergehens zu widersinnigen Strafbarkeitsergebnissen führen müßte. Es ist keine neue Erkenntnis, daß unter diesen Prämissen § 164 die Strafbarkeit in einer sachlich nicht zu rechtfertigenden Weise vorverlegen und dadurch in einem völlig unausgewogenen Verhältnis zu anderen (nämlich zu den wirklich die betreffenden Individualgüter schützenden) Strafdrohungen stehen würde[231]. Noch weniger aber kann hingenommen werden, daß nach dieser Spielart der Kumulationslehre die relativ geringeren Individualgutgefährdungen durch die deutsche Rechtspflege aus § 164 zu bestrafen wären, die gravierenderen durch die (nicht gleichermaßen garantiert rechtsstaatliche[232]) ausländische Rechtspflege hingegen straflos zu bleiben hätten[233]. Gerade unter teleologischem Aspekt erweist sich damit die Kumulationslehre auch in ihrer methodisch einwandfreien Spielart[234] als unhaltbar.

Zusammengefaßt ergibt sich also, daß eine *Individualgutverletzung oder -gefährdung nicht Begriffsmerkmal* der falschen Anschuldigung gemäß § 164 ist. Mit diesem Nachweis sind zugleich auch die Alternativitäts-[235] und die gegenwärtig in Schrifttum und Rechtsprechung allein vertretene Spielart der Kumulationslehre[236] erneut und originär widerlegt[237].

---

[231] Kritisch hierzu schon *Kraus*, Zum Wesen der sog. falschen Anschuldigung, 24.
[232] Vgl. hierzu unten, S. 65.
[233] Vgl. beispielhaft die Sachverhalte der Entscheidungen BGH JR 1965, 306 f.; OLG Köln, NJW 1952, 117 f.
[234] Vgl. oben, S. 43, 50 ff.
[235] Vgl. oben, S. 33 ff.
[236] Vgl. oben, S. 30 ff.
[237] Vgl. hierzu oben, S. 42 Anm. 144.

3. Das Schutzobjekt des § 164 in eigener Sicht

Die Frage nach dem Schutzobjekt der falschen Anschuldigung kann nach allem nur dahingehend beantwortet werden, daß diesem Delikt die Verletzung des Gemeinschaftsrechtsgutes „Rechtspflege" zugrunde liegt[238]. Hierbei ist unter „Rechtspflege" derjenige Teil staatlicher Organisation und Funktion zu verstehen, der sich mit der Pflege des Rechtes, d. h. mit seiner Anwendung in einem rechtlich geregelten Verfahren, befaßt. Der Begriff der Rechtspflege ist damit zwar erheblich weiter als der Begriff der „Rechtsprechenden Gewalt" i. S. Art. 20 Abs. 2, 92 GG[239], er umfaßt andererseits aber nur einen Ausschnitt aus dem Gesamtbereich staatlicher Tätigkeit.

Dieses Schutzobjekt ist seinerseits wiederum nur *ausschnitthaft* in § 164 *vertatbestandlicht*[240]. Dieser Ausschnitt ist allerdings entgegen vereinzelten Behauptungen im Schrifttum und in der Judikatur[241] nicht auf die *Strafrechtspflege* beschränkt. Das ergibt sich schon daraus, daß die Verdächtigung wegen einer bloßen Dienstpflichtverletzung zur Tatbestandserfüllung hinreicht. Immer aber ist nach allgemeiner und zutreffender Ansicht[242] als Inhalt der falschen Verdächtigung ein rechtswidriges Verhalten des Bezichtigten vorausgesetzt — sei es nun im allgemeinen, sei es im besonderen Gewaltverhältnis —, auf das der Staat mit einer hoheitlichen Sanktion reagieren kann und nach den Intentionen des Täters auch reagieren soll. Der im § 164 vertatbestandlichte Schutzobjektsausschnitt läßt sich daher wohl am besten als „Sanktionenrechtspflege" umschreiben.

Mit dieser Feststellung ist zugleich das bisher noch nicht angeschnittene Problem gelöst, ob die Frage nach dem Schutzobjekt der falschen Anschuldigung für den ersten und den zweiten Absatz des § 164 unterschiedlich zu beantworten ist: Beide Formen der falschen Anschuldigung richten sich gleichermaßen gegen die Sanktionenrechtspflege, d. h. sie differieren bei gleichem Rechtsgut nur in der Verletzungsart.

Zu prüfen bleibt schließlich, *in welchem Umfang* die Sanktionenrechtspflege im § 164 *vertatbestandlicht* ist. Anlaß zu ständig neuer Erörterung bot insoweit die Frage, ob nur die Verletzung der deutschen

---

[238] Vgl. hierzu oben, S. 28 ff. — *Verletzung* des Schutzobjekts „Rechtspflege" ist nachfolgend im ideellen Sinne gemeint, umfaßt also auch bloße Gefährdungen, so daß sich die falsche Verdächtigung auch nach der hier vertretenen Auffassung (insoweit in Übereinstimmung mit *Schröder*, ZStW Bd. 81, 14 f.) als *Gefährdungsdelikt in bezug auf die Rechtspflege* kennzeichnen läßt.
[239] Vgl. hierzu BVerfGE 18, 252 ff.
[240] Zu dieser bei der Tatbestandsbildung vorgenommenen Auslese nach Strafwürdigkeitsgesichtspunkten vgl. *Langer*, Sonderverbrechen, 344 f.
[241] Vgl. oben, S. 29 Anm. 81.
[242] Vgl. beispielhaft *Schönke - Schröder*, StGB, § 164 Anm. 8 ff.; *Dreher*, § 164 Anm. 1 B; LK *(Herdegen)*, § 164 Anm. 15 ff.

3. Das Schutzobjekt in eigener Sicht

oder auch die der ausländischen Rechtspflege dieser Strafdrohung zugrunde liegt. Von ganz wenigen Stimmen[243] aus dem Schrifttum abgesehen, sind sich Lehre[244] und ständige Rechtsprechung[245] darin einig, daß sich der Schutzbereich des § 164 auf die deutsche Rechtspflege beschränkt. Dieser eindeutig herrschenden Auffassung ist deswegen zu folgen, weil die Funktionsfähigkeit der deutschen Rechtspflege zum Kernbereich eines der höchsten Rechtswerte des Grundgesetzes, nämlich der Rechtsstaatlichkeit, gehört, während bei der ausländischen Rechtspflege eine (nach den Wertmaßstäben des Grundgesetzes) gleiche Ranghöhe nicht ausnahmslos gewährleistet ist und sich regelmäßig nicht zweifelsfrei feststellen lassen wird, so daß bei einer Abwägung aller Wert- und Zweckgesichtspunkte unter dem Aspekt der Strafwürdigkeit[246] bei falschen Verdächtigungen gegenüber ausländischen Rechtspflegeorganen generell auf eine Ahndung durch das deutsche Strafrecht verzichtet werden kann[247].

---

[243] Siehe etwa *v. Weber*, DRZ 1949, 20; ähnlich schon Frank-Festgabe II, 282 f.
[244] *Maurach*, Bes. Teil, 708; *Schönke - Schröder*, StGB, § 164 Anm. 27; LK (*Herdegen*), § 164 Anm. 3; *Dreher*, StGB, § 164 Anm. 1 A b cc; *Oehler*, Mezger-Festschrift, 100.
[245] RGSt 60, 317; OLG Hessen, DRZ 1949, 20; BGH JR 1965, 307.
[246] Vgl. hierzu im einzelnen *Langer*, Sonderverbrechen, 277, 330.
[247] Zur näheren Begründung siehe *Schönke - Schröder*, StGB, Vorbem. 10 vor § 3; *Oehler*, Mezger-Festschrift, 99.

III. Folgerungen für die geplante Gesetzesreform

Vorstehend ist der Straftatbestand der falschen Anschuldigung in seiner derzeit gültigen Fassung auf das zugrunde liegende Schutzobjekt hin untersucht worden. Weil nun mit der geplanten Neufassung des § 164 durch den EGStGB-Entwurf die Rechtsnatur dieses Delikts weder geändert werden soll noch geändert werden würde[248], gelten die bisher gewonnenen Erkenntnisse über sein Schutzobjekt uneingeschränkt auch für die Neufassung dieses (künftig treffender „Falsche Verdächtigung" genannten) Straftatbestandes.

Schutzobjekt der falschen Verdächtigung ist also die Sanktionenrechtspflege durch die deutschen Staatsorgane. Zu dieser Einsicht muß man, wie oben nachzuweisen versucht worden ist, schon bei richtiger Auslegung der gegenwärtigen Gesetzes- und Entwurfsfassung kommen. Die Erfahrungen der letzten hundert Jahre zeigen allerdings auch, daß auf der Grundlage einer derartigen Gesetzesfassung die allein begründbare Lehre sich nicht hat durchsetzen können, sondern eine unter vielen Meinungen geblieben ist. Darin wird die Notwendigkeit deutlich, der richtigen Auslegung schon durch eine besser geeignete Formulierung des Gesetzes den Weg zu ebnen. Denn anders als im Allgemeinen Teil, wo sich der Gesetzgeber jeder perfektionistischen Regelung dogmatischer Streitfragen möglichst enthalten sollte, bringt hier jede derartige Präzisierung des Gesetzes einen Gewinn an Rechtssicherheit und ist schon aus diesem Grund zu befürworten.

Die *Ergebnisse der vorliegenden Untersuchung* zum Schutzobjekt und zu den Verletzungsarten der falschen Verdächtigung, die aus dem genannten Grund den Wortlaut des künftigen Gesetzestextes mitprägen sollten, lassen sich wie folgt zusammenfassen:

Schutzobjekt der falschen Verdächtigung gemäß § 164 ist *ausschließlich* die *Sanktionenrechtspflege durch die deutschen Staatsorgane*. Dringend geboten erscheint die Änderung der Entwurfsfassung insoweit zunächst für den Bereich, in dem Rechtsprechung und kommentierendes Schrifttum entgegen ihren ausdrücklichen Prämissen jedenfalls im Ergebnis die bloße Verletzung ausländischer Staatstätigkeit als falsche Anschuldigung behandeln[249]. Diese Möglichkeit kann man

---

[248] Vgl. hierzu oben, S. 30.
[249] Vgl. hierzu oben, S. 34.

III. Folgerungen für die Gesetzesreform

dadurch ausschließen, daß man im § 164 i. d. F. des EGStGB-Entwurfes[250] die Worte „behördliche oder dienstliche Maßnahme" durch „Maßnahme einer deutschen Behörde" ersetzt.

Schon mit dieser Formulierung wäre — weil im übrigen den Ergebnissen der Rechtsprechung, insbesondere bezüglich der Einwilligung des Verdächtigten, voll zuzustimmen ist — zugleich sowohl der Alternativitäts-[251] als auch der Kumulationslehre in ihrer derzeit allein vertretenen Spielart[252] offensichtlich der Boden entzogen. Will man jedoch die richtige Auffassung zum Schutzobjekt so im Wortlaut des § 164 verankern, daß die anderen, (auch) ein Individualrechtsgut voraussetzenden Lehren[253] gleichfalls zweifelsfrei nicht mehr mit dem Gesetz vereinbar sind und selbst ein (höchst unwahrscheinlicher) Wandel der Judikatur zur Einwilligung des Bezichtigten hieran nichts ändern könnte, dann muß bereits durch die Fassung des Textes außerdem zum Ausdruck gebracht werden, daß es für die Strafbarkeit wegen falscher Verdächtigung auf eine Individualgutverletzung nicht ankommt[254].

Dieses läßt sich am deutlichsten dadurch erreichen, daß man die falsche *Selbstbezichtigung* in den Wortlaut des § 164 aufnimmt, denn bei ihr fehlt es begriffsnotwendig an einer Individualgutverletzung. Eine solche Einbeziehung der Selbstdenunziation in den Tatbestand der falschen Verdächtigung, die bisher — abgesehen davon, daß sie dem historisch bedingten Tatbild und der typischen Begehungsweise nicht entsprach — gerade wegen mangelnder Vorstellungen des Gesetzgebers über das Schutzobjekt dieses Delikts unterblieben ist, erscheint auch unter dem Aspekt der Strafwürdigkeit als sachgerecht: Denkt man etwa an die üblichen Fälle der Selbstbezichtigung, in denen der Täter sich eines leichten Delikts beschuldigt, um so ein Alibi für ein tatsächlich begangenes schweres Verbrechen zu erlangen oder um für sich oder einen Dritten eine Versicherungssumme zu erschleichen, dann unterscheidet sich dieses Hinleiten der Verfolgungstätigkeit auf einen konkret bezeichneten Menschen zwar in der Unrechtsstruktur von der mit Einwilligung erfolgenden Fremdverdächtigung (die Rechtspflege

---

[250] Den Wortlaut des § 164 in der Entwurfsfassung siehe oben, S. 14 Anm. 8.
[251] Vgl. hierzu oben, S. 33 ff.
[252] Vgl. hierzu oben, S. 30 ff.
[253] Vgl. hierzu oben, S. 26 ff.
[254] Die *Beibehaltung der Veröffentlichungsbefugnis* kann auch im Fall einer solchen Gesetzesänderung *sinnvoll* sein, weil auch dann dem Verdächtigten der *Schutzreflex* des § 164 zugute käme (vgl. hierzu oben, S. 47 f.). Die von § 165 EGStGB-Entwurf gegenüber dem geltenden Recht vorgenommenen erheblichen *Einschränkungen* sind jedoch sachgerecht und sollten noch durch die oben, S. 48 Anm. 172, vorgeschlagene Auslegung des Merkmals „Verletzter" ergänzt werden.

wird eben nur von einer Person angegriffen), nicht aber im deliktischen Gehalt, wie sich aus den hier entsprechend geltenden Gründen für die Einordnung der mit Einwilligung des Denunzierten vorgenommenen Falschverdächtigung[255] ergibt.

Die Verdächtigung eines bestimmten Menschen, die — wie bereits oben gezeigt[256] — schon nach geltendem Recht die spezifische Strafwürdigkeitsdifferenz zwischen der falschen Anschuldigung (§ 164) und dem Vortäuschen einer Straftat (§ 145 d) begründet, sollte deshalb in die neue Fassung des Gesetzes als unterscheidendes Begriffsmerkmal der falschen Verdächtigung ausdrücklich aufgenommen werden. Daher wird vorgeschlagen, im Text des § 164 i. d. F. des EGStGB-Entwurfs die Worte „einen anderen" durch „eine bestimmte Person" zu ersetzen[257].

Auch die Ergebnisse schließlich, zu denen die *Untersuchung der Verletzungsarten* gelangt ist[258], lassen Änderungen des Entwurfstextes als wünschenswert erscheinen, zumal durch geeignete Formulierungen die als richtig erkannte Schutzobjektsauffassung auch insoweit noch fester im Gesetz verankert werden kann.

Hier ist zunächst daran zu erinnern, daß die Wendung „rechtswidrige Tat" den Gegenstand der Verdächtigung nicht zutreffend kennzeichnet[259]. Selbst wenn man diese Formel im Interesse einer einheitlichen gesetzlichen Terminologie prinzipiell befürwortet, darf man sie wegen der völlig anderen Sachstruktur im § 164 nicht verwenden. Der Gegenstand der Verdächtigung ist vielmehr als „mit Strafrechtsfolgen bedrohte Tat" zu charakterisieren.

Zu Recht hat der Entwurf das *Verbreiten fremder Falschverdächtigung* in den Tatbestand des § 164 aufgenommen[260]. Die dafür benutzte Formulierung „an einen Dritten gelangen läßt" ist jedoch nicht nur sprachlich schief, weil sie das Besondere dieser Verletzungsart, nämlich die Weitergabe fremder, als falsch erkannter Behauptungen, eher verschleiert als verdeutlicht; sie ist vielmehr auch sachlich verfehlt, weil praktisch nie jemand „bei einer Behörde" die unwahre Behauptung an einen Dritten gelangen lassen wird und damit diese — notwendige — Ergänzung der bisherigen Gesetzesfassung leerläuft. Nicht auszuschließen ist aber sogar, daß die künftige Rechtsanwendung in dem Bestreben,

---

[255] Vgl. hierzu oben, S. 55 ff.
[256] Vgl. hierzu oben, S. 51 ff.
[257] Die Fassung des § 145 d, in dessen Wortlaut wie bisher, so auch künftig die falsche Selbstbezichtigung nicht ausdrücklich genannt ist, wird durch die vorgeschlagene Änderung des § 164 nicht berührt.
[258] Vgl. hierzu oben, S. 18.
[259] Vgl. im einzelnen oben, S. 19 f.
[260] Vgl. im einzelnen oben, S. 19.

III. Folgerungen für die Gesetzesreform 69

auch dieser Begehungsform des § 164 praktische Bedeutung zu verleihen, hier auf das Erfordernis der möglichen Kenntnisnahme durch die Behörde verzichtet und wegen falscher Verdächtigung auch dann bestraft, wenn der Dritte die an ihn gelangte unwahre Behauptung nicht weitergibt. Damit aber wäre Schutzobjekt des § 164 nicht mehr ausschließlich die Sanktionenrechtspflege durch die deutschen Staatsorgane. Um einer solchen Fehlentwicklung vorzubeugen, empfiehlt es sich, insoweit zu der (ohne überzeugende Begründung aufgegebenen) Fassung des § 444 Entwurf 1960 zurückzukehren, nämlich die Worte „an einen Dritten gelangen läßt" aus dem (damit entfallenden) § 164 Ziffer 3 i. d. F. des EGStGB-Entwurfs durch die in § 164 Ziffer 2 i. d. F. des EGStGB-Entwurfes einzufügenden Worte „oder verbreitet" zu ersetzen.

Die Strafvorschrift gegen die falsche Verdächtigung sollte demnach künftig lauten:

„Wer bei einer Behörde, bei einer zur Entgegennahme von Anzeigen zuständigen Stelle oder öffentlich in der Absicht, ein Strafverfahren oder sonst eine Maßnahme einer deutschen Behörde gegen eine bestimmte Person herbeizuführen oder fortdauern zu lassen, wider besseres Wissen

1. sie einer mit Strafrechtsfolgen bedrohten Tat oder der Verletzung einer Dienstpflicht verdächtigt oder

2. über sie eine Behauptung tatsächlicher Art aufstellt oder verbreitet, die geeignet ist, zu der beabsichtigten Folge zu führen,

wird mit Freiheitsstrafe bis zu fünf Jahren oder mit Geldstrafe bestraft."

Schrifttumsverzeichnis

Allfeld, Philipp: Lehrbuch des Deutschen Strafrechts; 8. Aufl., Leipzig/Erlangen 1922.
Barth, Eugen: Die Lehre von der falschen Anschuldigung; Diss. Heidelberg 1908.
Baumann, Jürgen: Strafrecht, Allgemeiner Teil; 5. Aufl., Bielefeld 1968.
Berner, Albert Friedrich: Lehrbuch des Deutschen Strafrechts; 17. Aufl., Leipzig 1895.
Binding, Karl: Lehrbuch des Gemeinen Deutschen Strafrechts, Besonderer Teil; 2. Band, 2. Abteilung, Leipzig 1905.
Blei, Hermann: Falschverdächtigung durch Beweismittelfiktion; GA 1957, 139 ff.
Bockelmann, Paul: Zur Auslegung des § 164 Abs. 5 StGB; NJW 1959, 1849 ff.
Borst, Wolfgang: Die falsche Anschuldigung; Diss. Tübingen 1935.
Buri, M. von: Abhandlungen aus dem Strafrecht; Gießen 1862.
Dreher, Eduard: Strafgesetzbuch; 33. Aufl., München 1972.
Frank, Reinhard: Das Strafgesetzbuch für das Deutsche Reich; 18. Aufl., Tübingen 1931.
Gallas, Wilhelm: Zum gegenwärtigen Stand der Lehre vom Verbrechen; ZStW Bd. 67, 1 ff.
Geerds, Friedrich: Rechtspflegedelikte, in: Handwörterbuch der Kriminologie, 2. Aufl., herausgegeben von Rudolf Sieverts; 3. Band, Berlin 1969.
Gerland, Heinrich B.: Deutsches Reichsstrafrecht; 2. Aufl., Berlin und Leipzig 1932.
Hälschner, Hugo: System des preußischen Strafrechts, Band II; Bonn 1868.
Heilborn, Paul: Falsche Anschuldigung, in: Vergleichende Darstellung des deutschen und ausländischen Strafrechts; Bes. Teil, Band 3, Berlin 1906.
Herzog: Noch ein Wort über falsche Anschuldigung; GS Bd. 32, 81 ff.
Hirsch, Hans Joachim: Ehre und Beleidigung, Karlsruhe 1967.
Jescheck, Hans-Heinrich: Lehrbuch des Strafrechts, Allgemeiner Teil; 2. Aufl., Berlin 1972.
Keßler, R.: Die Einwilligung des Verletzten; Berlin/Leipzig 1884.
Klee, Karl: Selbstverletzung und Verletzung eines Einwilligenden; GA Bd. 50, 364 ff.
Köhler: Die falsche Verdächtigung; GS Bd. 111, 289 ff.
Kohlrausch, Eduard und *Lange*, Richard: Strafgesetzbuch; 43. Aufl., Berlin 1961.
Kraus, Herbert: Zum Wesen der sogenannten falschen Anschuldigung (Strafr. Abhandlungen, Heft 100); Breslau 1909.
Lackner, Karl und *Maassen*, Hermann: Strafgesetzbuch; 7. Aufl., München 1972.

Langer, Winrich: Das Sonderverbrechen; Berlin 1972.

Leipziger Kommentar: Strafgesetzbuch; 8. Aufl.: 1. Band, Berlin 1957; 2. Band, Berlin 1958; zitiert LK (8.).
9. Aufl.: herausgegeben von Paulheinz Baldus und Günther Willms; Berlin 1970 ff. (im Erscheinen begriffen); zitiert LK.

Liszt, Franz v. und *Schmidt*, Eberhard: Lehrbuch des Deutschen Strafrechts; 25. Aufl., Berlin/Leipzig 1927.

Loening, Richard: Grundriß zu Vorlesungen über deutsches Strafrecht; Frankfurt a. M. 1885.

Luppold, Alfred: Die falsche Anschuldigung des RStGB; Diss. Heidelberg 1907.

Maunz, Theodor und *Dürig*, Günter und *Herzog*, Roman: Grundgesetz; 3. Aufl., München 1970.

Maurach, Reinhart: Deutsches Strafrecht; Allgemeiner Teil; 4. Aufl., Karlsruhe 1971. Besonderer Teil; 5. Aufl., Karlsruhe 1969.

— Deliktscharakter und Auslegung der Notzuchtbestimmung des § 177 StGB; NJW 1961, 1050 ff.

— Zur Rechtsnatur des erpresserischen Kindesraubes (§ 239 a StGB); JZ 1962, 559 ff.

Mayer, Kurt: Die falsche Anschuldigung nach Deutschem Strafrecht; Diss. Heidelberg 1905.

Merkel, A.: Lehrbuch des Deutschen Strafrechts; Stuttgart 1889.

Meyer, Hugo: Lehrbuch des Deutschen Strafrechts; 5. Aufl., Leipzig 1895.

Mezger, Edmund: Strafrecht, Ein Lehrbuch; 3. Aufl., Berlin und München 1949.

Mezger, Edmund und *Blei*, Hermann: Strafrecht, Besonderer Teil; 9. Aufl., München 1966.

Oehler, Dietrich: Wurzel, Wandel und Wert der strafrechtlichen Legalordnung; Berlin 1950.

— Die Grenzen des aktiven Personalitätsprinzips im internationalen Strafrecht, in: Festschrift für Edmund Mezger, 83 ff.; München und Berlin 1954.

Olshausen, G. v.: Kommentar zum Strafgesetzbuch; Nachtrag zur 11. Aufl., Berlin 1936.

Oppenheim, L.: Die Objekte des Verbrechens; Basel 1894.

Ramm, Harry: Falsche Anschuldigung und Beleidigung; GS Bd. 109, 240 ff.

Ranniger, Ulf: Die Falschverdächtigung (§ 164 StGB); Diss. Kiel 1967.

Sauer, Wilhelm: System des Strafrechts, Besonderer Teil; Köln—Berlin 1954.

Schmidhäuser, Eberhard: Strafrecht, Allgemeiner Teil; Tübingen 1970.

— Einführung in das Strafrecht; Reinbek 1972.

Schmidt, Richard: Grundriß des deutschen Strafrechts; Leipzig 1925.

Schönke, Adolf: Strafgesetzbuch; 2. Aufl., München/Berlin 1944.

Schönke, Adolf und *Schröder*, Horst: Strafgesetzbuch; 16. Aufl., München 1972.

Schröder, Horst: Die Rechtsnatur der Begünstigung und Hehlerei; MDR 1952, 68 ff.

Schröder, Horst: Das Rechtsgut der Bestechungsdelikte und die Bestechlichkeit des Ermessensbeamten; GA 1961, S. 289 ff.
— Zur Rechtsnatur der falschen Anschuldigung; NJW 1965, 1888 ff.
— Die Gefährdungsdelikte im Strafrecht; ZStW Bd. 81, 7 ff.

Schütze, Theodor Reinhold: Lehrbuch des Deutschen Strafrechts; 2. Aufl., Leipzig 1874.

Simon, Heinz: Das Wesen der falschen Anschuldigung (Strafr. Abhandlungen, Heft 401); Breslau 1939.

Wach, Adolf: Legislative Technik, in: Vergleichende Darstellung des Deutschen und Ausländischen Strafrechts, Allgemeiner Teil, Band 6; Berlin 1908.

Wachenfeld, Friedrich: Lehrbuch des deutschen Strafrechts; München 1914.

Wächter, Carl Georg von: Deutsches Strafrecht: Vorlesungen; Leipzig 1881.

Weber, Helmut von: Der Schutz fremdländischer staatlicher Interessen im Strafrecht, in: Festgabe für Reinhard von Frank, Band II, 269 ff.; Tübingen 1930.

Wegner, Arthur: Strafrecht, Allgemeiner Teil; Göttingen 1951.

Welzel, Hans: Das Deutsche Strafrecht; 11. Aufl., Berlin 1969.

Printed by Libri Plureos GmbH
in Hamburg, Germany